山の足音
山のえくぼ

らいちょう　1978年

海辺の岩　1948年

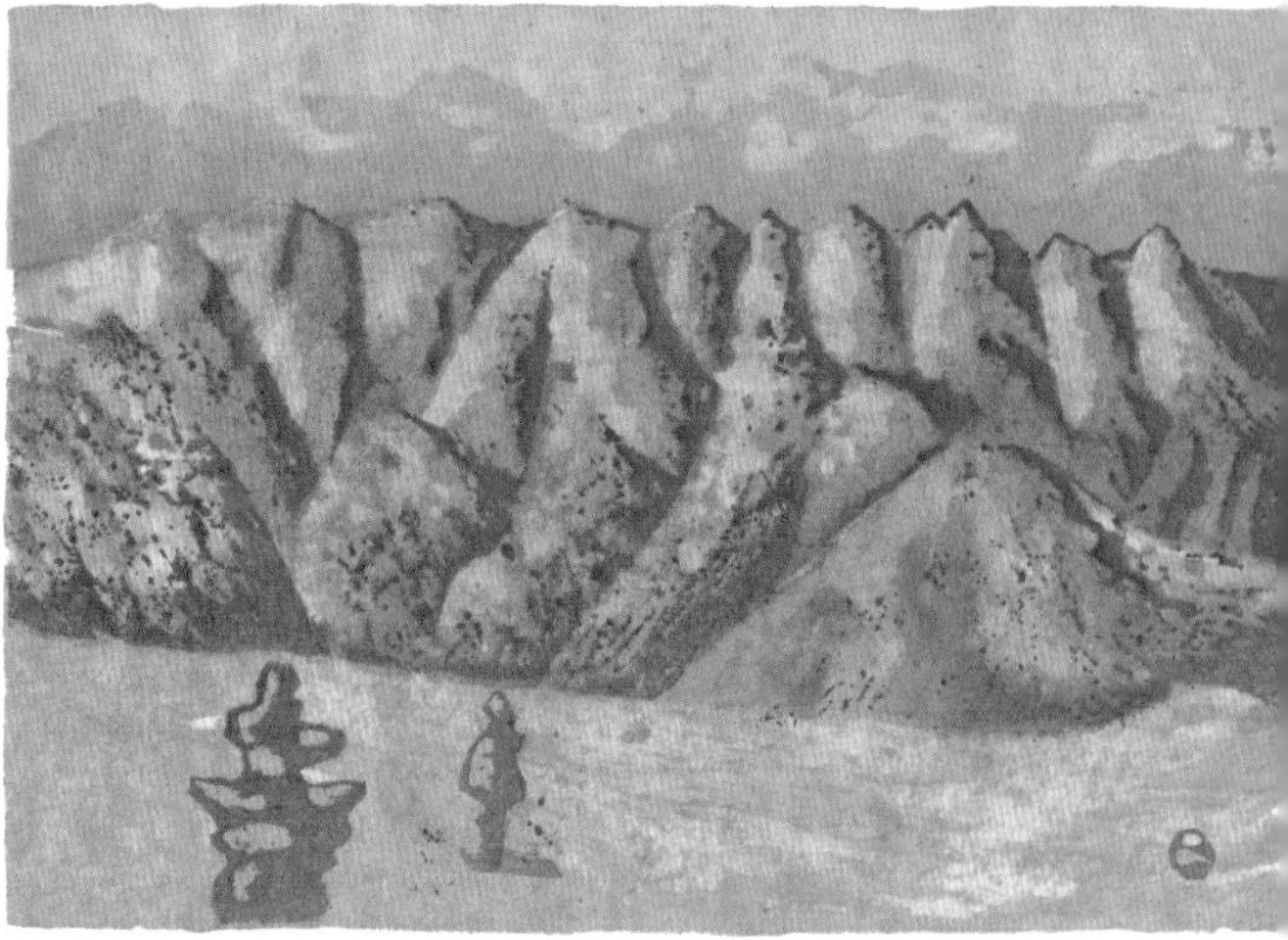

戸隠山　1950年

雪渓(長次郎谷)　1952年

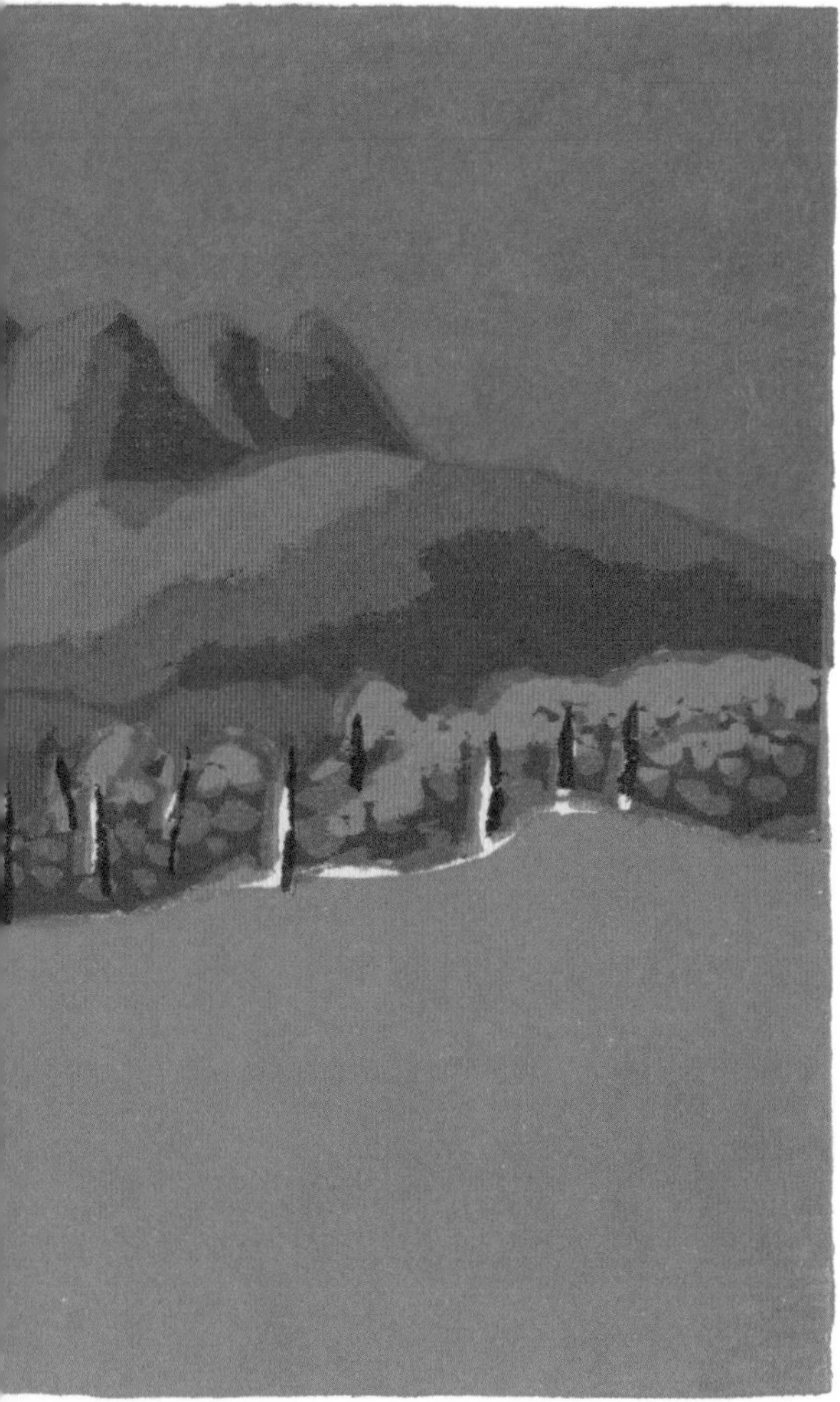

黒姫山　1957年

鳥と山男　1955年

めぐりあい　1956年

山男(五)　1956年

白い像　1958年

圏谷に立つ山男　1967年

高千穂　1968年

山の親子　1975年

ぬくもり　1975年

六人の山(家族で峠越え)　1977年

ヤマケイ文庫

山の足音　山のえくぼ

Azechi Umetaro　畦地梅太郎

山の足音　山のえくぼ　目次

山の果実

山のえくぼ

画文集　山の足音

山の果実

穂高小屋の一ととき

肌着はすっかり汚れ、すっぱい汗の臭いが、ぷんと鼻をついた。白馬《しろうま》から、剱《つるぎ》、立山、薬師岳、槍を幾日もかかって経回った。垢にまみれ、目ばかりぎょろつかせていた。へとへとになり穂高の小屋にたどり着いたときは、午後の日差しはにぶかった。涸沢《からさわ》の雪渓を吹きあげる冷たい風に、汗ばんだ顔は心地よかった。

小屋に着いてほっとしたものの、小屋はK映画社の山岳映画の撮影隊が本拠にしていて、一般の登山者もまじえ、四辺は混雑していた。小屋に着いたら一服してと、たのしみに思っていた喜びも消えて、私たち一行の者は、くたくたと小屋の前の小砂利の上に、足を投げ出してのびてしまった。

二、三人の人は、小屋の主人と旧知の間柄とみえて呼び込まれた。せまい売場の部屋で、茶菓の饗応に笑い興じている姿が窓越しに眺められた。見まいとしても、その方に気をとられた。私たちはひどく飢えているのに気がついて、顔見合せて苦笑した。

見事な毛並の尻当をぶらさげたR監督の、一分《いちぶ》の隙もない登山姿に、連れの若い男は羨望の溜息をそっともらした。岩場と雪渓の指導役として、応援に登っているという登山家のQ氏の顔もみえた。古びた洋服、はきちびた登山靴、腰には七ツ道具がぶらさがっている。颯爽《さっそう》としたその姿は、山の古強者《ふるつわもの》としての貫禄を見せていると思った。

写真などで見ると、美人ともおもえぬ有名な女流登山家X女史も、応援に登っていた。古靴を引きずるように、荒くれた男たちの中を動きまわっていた。その女史が、一際美人に見えた。私も、もうぼつぼつ、里心がついてきたのだなと思って、気はずかしさをかくすように、さっと立ち上って、涸沢の小屋へ下るように同行の人々をせかした。

顔面白癬

私の次女は今年小学校へ入学した。近くに住む山友達の長女も入学した。朝は迎えにきてくれる。朝の遅い私のうちではまだ朝飯の最中である。それでも待っていて、仲よく二人で連れだって行くが、組も教室も別だから、つまらないとよく次女はいう。

入学児童の、身体検査の結果の通知書を、さも大事なものを持たされたように、持ち帰った。どこにも、悪いところのないのを知って、私の妻は喜んで、それを私に見せた。

山友達の細君がきて、台所で私の妻と何か話しているのを聞くと、それは、身体検査の結果についてであることがわかった。

うちのM子の通知書のここに『顔面白癬《はくせん》』と書き込んであるが『癬』だけが読めず判らないので、隣の奥さんに見てもらったが、判らず、考えた末、『顔面白』とあるし、貴女とこのM子ちゃんは、色が白いので多分顔の色が白いということだろうと思うが、うちの娘は色が黒いから、学校へ行くようになったら顔面黒と書かれるのだろうか、今の学校は色の白い黒いも検査するんでしょうか、いやですね、隣の奥さんはそういったという。——貴女とこのT子ちゃんには、何と書いてあるかという話であった。うちの次女には何とも書いてないので、これはやっぱり病名だろうと、話し合っていた。

妻にもその『癬』の字が判らん様子であったがどう智恵をはたらかしたものか妻が突然これは『ハタケ』のことに違いないと決断を下していた。山友達の長女の片頰には『ハタケ』が白々と見えていたのであった。

穂高縦走

槍の肩の小屋を早立ちしたと思える女学生の一行に追いついた。三十人近くの多勢の上に、年若い一行の足は、一向に進まなかった。追い抜こうにも、岩の瘦せ尾根では、道幅もなくてそれもできなかった。いらいらしながら後について歩いた。

幸い、草付のところへ出たので、私たちは、この機とばかり、素早く、一人一人が先へ出た。礼儀を知らない人たちだとささやく非難の声が耳についた。

小使《こづかい》と思える男の持っている校旗のようなもので、大阪方面の一行であることがわかった。先頭に立つリーダー格の男は、教官であろうか、完全な身支度ではなかったが、新しいザイルを肩にしていて、ひどくそれが目立った。もう一人教官らしい男がついていた。

女学生も、用具の新しいところから考えると、初登山に槍、穂高をやった娘もいると思われた。二度ともうこんなところへ来ないと、愚痴をこぼしているのを聞いた。少し無理な登山であったかも知れぬ。

大切戸《きれっと》の難所もすぎて、北穂の魁偉《かいい》な山容が、ぐっとのしかかるようにせまるころ、湧く霧の切れ目からぞっと身震いするような名だたる滝谷《たきだに》の断崖がのぞかれた。見つめると、二人の男が、岩をへずっているのが見えた。たれやら感激的な、ヤッホウを送った。動くのが止んだと思うと、澄んだ特徴のある声のヤッホウの返答があった。C大学だととっさにいった人があった。うしろからも、合唱のヤッホウがきこえた。振り返って見ると女学生の一行が虫のはうように岩尾根を進んでいた。

滝谷へむかって、ガンバレー!!　と声援を送った。滝谷からも、また後方の女学生の一行からも、ありがとうの返答があった。若い男が女学生の一行を振り返って見、舌打して、何んだ、まちがえてらあ、といった。

氷

田舎で育った私は、そのころ、氷というものは、たいてい冬凍った氷を土中に埋め、夏に取りだして売るものと、子供心に思いこんでいた。

夏になると、器物一切を天びん棒でかつぎ『カンコリ』『カンコリ』の売り声を張り上げて、街の氷屋が、村から村へ人の集まる場所へと、やってきたものであった。

そのころ田舎では、アイスクリームもアイスキャンデーもなく、氷のブッカキが、田舎では夏の涼をとる唯一のもので、今思い出しても、夏の楽しい季節感がしみじみとよみがえる。

終戦の前後を私たちは、四国の南の方の、海岸の小さな街で暮らした。他所者の私たちは、そこで、お話しにならぬ苦しい生活の体験をした。当時五歳であった娘もそこで、田舎じみて育った。

田舎は田舎でも、一と筋道の街をなしているので、夏はアズキアイスや、アイスキャンデーの店が二軒も三軒も店開きした。娘は、毎日それを買ってもらってよろこんでいた。

ある日、近所の家で、小さな氷の一とかけを娘はもらった。物心がついて、はじめて手にした氷は、娘には珍しいものであった。親に見せようと、冷たい氷を両の手に、こもごも持ちかえながら、夕方の路地を急ぐうち、氷はすべって溝の草の中に落ちてしまった。のぞいてみたがわからなかった。明日の朝また探すつもりで、そのままかえり、氷をもらったことだけを親に語った。

翌朝再び探したが、影も形もなかった。キャンデーは氷のように溶けることを知っていても、石のような氷が溶けるものとは、気づかなかったのである。

大きくなっている娘が、病気で床についている。氷のうの氷を手さぐって、氷が溶けるとは思わなかったと、ぽつりと当時の思い出話をした。昔と今の子供の知識のありかたに、妙な啓示的なものを私は感じた。

白痴美

水蘚《みずごけ》の上を歩くことは、踏みごたえがなく、なんとなく、気疲れがした。

山の鼻小屋にたどりつき、振り返って見ると、尾瀬ガ原全体が、すべて厚い水蘚の層でおおわれていることに、いまさらのように驚いた。

小屋で昼飯を済まして、元気を取りもどした若い連中は、至仏《しぶつ》登山へと出て行った。湿原へきて、頂上登山でもあるまいと、勝手な理由をつけて、老人組は、そのまま山宿に足をのばしてしまった。

明日は、富士見峠を越えておりるので今夜が最後の泊りである。『帳場からビールをとって飲むか』などと、至仏山からおりた連中が相談していた。

ツクンツクンツクンとした調子で歩く婦人が妙に目立っていた。剃りたての襟脚の美しさに心がひかれ、顔をぬすみ見たら、近視の度の強い眼鏡をかけた、美人型には入らない相貌の婦人であったが、特徴のある顔は、印象的であった。

山へきてはじめて、心から解放されたものかその婦人も、ビールを飲むといって、リュックから胡瓜を取り出し、部屋を出たと思ったら、やがて料理した胡瓜と、ビールを一本さげてかえってきた。何とはなしに、若い男たちは囃したてて喜んだ。

あり合わせの器で、ぐいっと引っかける。その飲みっぷりからして、平素ビールなど飲む婦人とも思われなかった。酔いがまわったか、ひどくおしゃべりになったが、教養がものをいうのか言葉にも素振りにも猥なものは少しもなかった。

ひどく酔いがまわって、今度は無口になってしまった。端座して天井の一角へ瞳をぴたりとすえてしまった。蒼白な顔、それは白痴美的な凄艶さである。私は無言でいられなくなり『だいぶ参ったな』といったら『心臓が弱いので』とにこりともしないで返事をした。

山の果実

田植もすんで、じりじりと日が照りつけるころになると、黒味のかった赤色の山桃の実が熟《う》れる。山桃は、九州や、四国、和歌山、静岡、その他の、太平洋岸に面した国の、山地に自生している。その実は、うまいというものではないが、俳味があって、その道の風流人には珍重されるものである。

昨年のこのごろ、銀座の大きな果物店の、ウィンドーに、大粒のものが、五ツ六ツ装飾的に並べてあったが、多分伊豆あたりのものだろうと珍しくながめた。

木によって、粒の大小があるようであるが、径七、八分ともなれば大粒の方である。たまには白桃も自生していて、実も大粒であり甘さも強いようで、特に珍重されている。土佐あたりでは、白桃の苗木を育てているようである。

芝白金《しばしろかね》の元伊達《だて》家の庭園には老木があるときいた。明治神宮の外苑にも、一本若木が育っていたが、山桃は雌雄《しゆう》が別株だから、ぽつんと、一本育てても実はつかない。

山桃を盛った皿が、部屋におかれると、その風情はすがすがしく、見た目にも美しい。だれしも、一ツ二ツ、つまみたくなる思いである。

一番うまい食いかたは、桃の上にばらりと塩をふり一と握りして、口の中へほうりこむのだそうである。薄い果肉は、丁度砂をまぶしつけたようで、その中に堅い種がある。果汁だけしゃぶって種は吐き出すのである。

四国の山村に育った私は、子供のころよく木に登って、甘そうなやつを、もぎとっては、種ごと一緒に、のみこんだものであるが、そうした食いかたが一番うまかった。種をのみこんでも、一度も腹をこわしたこともなかった。肥《こやし》の運ばれた野菜畑には春になると、かならず、山桃の苗芽が幾本も出たものである。

熊

二九二六メートルの薬師岳に立ってながめると、太郎山、上ノ岳《かみのだけ》から、黒部五郎岳にとりつくまでは、ゆるい背稜で、その山腹には、残雪がべっとりとついていた。北アにもこんな広大平原があるのかと、誰れもが感嘆して太郎兵衛平を心ゆくまで歩いた。太郎山にとりつくあたりは、ハイマツと石楠花《しゃくなげ》がしげり、踏跡はそのなかをゆるく登っていた。石楠花の小灌木におおわれた『上ノ岳小屋』は、正方形に石が並んでいるだけで、跡かたもなかった。雪を溶かして、自分たちで作った出来のわるい飯で、二度目の昼飯を食った。

登山の最盛期でも、閑散としていて人影もなく、縦走路としては、北アのうちにもこんなところは、他にはなかろうと思った。

東側は、黒部の源流地で、細々とした流れが樹の間越しに眺められた。その上の方に雲《くも》ノ平《だいら》の台地が、ひろがっており、鷲羽岳《わしばだけ》、水晶岳《すいしょうだけ》、少しはなれて赤牛岳《あかうしだけ》が、手のとどく近さにそびえていた。

西側には、飛騨、越中の山波がつづき、雲海の上にぽかりと、白山の連峰が、雪をかぶって遠く浮んでいた。黒部五郎の斜面には、チシマギキョウの花が微風にゆれていた。そこで一同は休んだ。

『熊だ』

たれかが叫んだ。飛騨側の浅い谷の向うの青草の中に、動く黒いかたまり、仔熊だろうと話し合った。食いものをあさっているかと見れば、寝ころんで青草に身を擦りつけている。私らの存在を無視した態度に、さすがは熊だと感じた。

望遠鏡を覗いていた男が『大熊だぞう』と叫んだ。とたんに剽軽《ひょうけい》な男が、色をなして『一と撃ちだ』といってピッケルを振り上げた。同時に、ピッケルなどではと一同は苦笑した。

漁師と絵

四国の西南部の海岸は、彎曲《わんきょく》が多く、また、漁獲高の多いことでも昔は有名であった。

ある漁村の漁師は、終戦前後の、どさくさに、闇商売で一と財産をつくった。戦後街の没落階級から、無地の金屏風を十万円で買いとったという噂は街から村の人々を、びっくりさせた。そうした噂に刺戟されて、一と儲けしようと、永年勤めた巡査をやめ、骨董屋になり、慣れぬ商売で、みごとに失敗して、とうとう闇商人になりさがり、街の物笑いになった男などもあった。

漁村には銭が唸っているというので、上方から日本画家がきた。街の有志もそんなら一つ世話をしようということになった。その有志の紹介状で、日本画家は、主に海岸の方を歩いた。大した金高の絵でもないので、一日に二本、三本と売れた。金屏風を買った漁師は網元になって羽振をきかしていたので、当然買うということになった。

そのために、特別にかいて網元の家に出向き、おもむろに拡げて、網元の御意をうかがった。網元は、その絵を見て『こりゃ縁起のわるい出舟だ。入舟の絵ならもらいましょう』というてことわった。商人も、藤の花や、葡萄の絵は成りさがるというて嫌うが、ことに漁師の縁起をかつぐことは甚だしい。

その絵は、船尾を見せ順風に乗って、むこうへ進んでいる漁船の図であったのである。

日本画家は、単純にして明瞭な、網元の心情に呆れるやら、うかつであった自分がくやしいやらで、一言もなく引きさがったというのである。

その後、潮流の関係で、魚類が移動してしまい、不漁がつづいて、その網元も左前になったと噂をきいたが、それが、出舟の絵を持ちこまれたからだという噂はどこからもきかなかった。

浅間登山

戦前のことである。

水がほしくても、湧水のない、峰の茶屋では、宿泊せぬものには、心よく水を使わしてくれなかった。残り少い銭を出して、エハガキや、菓子などを買った。うまく図に当って、茶屋の主人の機嫌はよくなった。

ぶよに刺された足首が、カノウしていたが、歩くことには不自由はなかった。茶屋に備え付けの、登山者名簿に、記帳をすました。こうして記帳をしたまま、再び、下山せず、そのまま消息を絶った人々のことが、ちらと頭をかすめた。

青空に流れる噴煙を見上げて、心がおどった。

火山砂利で、滑るので、登りづらかった。降灰で、痛みつけられた落葉松《からまつ》が、斜面をはうように、いじけて育っていた。

霧が巻いて、見通しが、きかなくなった。一定の間隔にある、積石をたよって踏跡をたんねんに、たどり登った。あたりには、生きた植物は、すでに姿を消して、ぷんと硫黄が匂うてきた。

急斜面を、登りつくと平地であった。火山砂利を踏んで進むと、降り気味で火口も近いと思った。そこへ腰を下して、霧の晴れるのを待った。

大地をゆすぶる爆音が、霧の中から伝わって、私は、魂を冷した。火山砂利の上を、保護色の昆虫が二匹、違う方向へ、のろのろとはっていた。餌のないこの山上では、霧を吸うて、生きているのかと思った。

霧の切れ目を、じっと、すかして見ると、そこは、灰褐色の山腹が、ぐっとひろがっていた。そこが頂上であるらしい。そうすると、腰を下しているここは、外輪山の一角であると気づいた。私は、はっと立ち上ったが、これから、また、あれを登るのかと思うと、落胆した。

牛糞と子供

ある大きな島の一角に、四五里も海上はるかに突き出た岬がある。地幅はせまく、その背稜にたつと、足もとに、裏と表の波打際が、同時に見おろせるほどである。その突端は、海蝕された岩塊が、乱立していて、見ごとである。

海岸の、小さな入江の斜面には、漁村がへばりついている。この話はその漁村の学校の先生から、きいたものである。

漁村の子供は、舟を、自分の下駄がわりにしているくらいだから、道路の概念が、はっきりつかめない。だから地上の距離の、判断もつかない。すぐそこでといっても一里も二里もある距離だそうである。

街へ出ることもないので、実物の汽車を見たものは少い。乗った子供は、なお少い。赴任してまもなく、その先生は、はじめての遠足で街へ行き、汽車に乗せてみた。子供らは、われ勝ちに乗って、ミヨシ（船首）から乗った、トモ（船尾）から乗った、といって、騒いだ。また、汽車でも、自動車でも、動かす人を、船の機関長同様に呼んだ。

漁村には、牛馬は飼われていない。牛馬を大変めずらしそうに眺めたそうである。そのうち、巨大な牛の体軀《たいく》の一角から、落された排泄物の形が奇妙なので、これはまたと格別に興味がわいたらしく、うず高く積み重なった排泄物の悪臭も、なんのその、そのまわりに集まって、しげしげと見入っていたそうである。そして、一人が『これが牛の糞けえ』と叫ぶと、一同は、声をたてて、笑い興じたそうである。

先生は恥かしくて見ていられなかったと、その時のことを話した。まるで嘘のような話である。

ヤッホウ

三ツ俣の頭は、平坦であった。夕明りにすかして見ると、向うに人影が見えた。しばらく見据えていても、動く気配がない。声をかけても、返事がない。おかしなことだと、近づいて見ると、それは、積石であった。

おくれ勝ちの私たちを、後にして、足を早めた若い連中は、どこへもぐり込んだものか、さっぱりわからなかった。私たちは、声をそろえて、呼んで見た。

『おりる道がわからんので』といって、先に登った連中の一人が夕やみの向うから、のっそりと現われた。

その男にきくと、連れの人たちは、どこをどうさがったか、すでにさがって、三ツ俣の小屋を、探がしているはずだといった。

ランプをたよりに、断崖の上に出て、おりる道をさがした。そのとき、はるか下の方に、ちらつく灯を見つけて、小屋の灯だ、と、たれかが叫んだ。

私たちは、ランプを振って、声をかぎりに呼びかけた。下でも、ランプを振って、何か、わめいているが、ききとれなかった。ランプが、こちらへ向って登ってくる気配がした。

私たちは、時間をかけて、断崖をずりおりた。下は雪田《せつでん》で、鋲靴では滑って歩きずらかった。

下から登った連中と、ランプを照し合って、そこの細道で、落ち合った。

下の灯は、東京の大学の天幕であるとわかった。

三ツ俣の小屋は、この道を、東へおりるのだとわかった。一人その方へ探しに行っているから、移動せず、待つことにした。

夜も更けて、冷えて来た。私たちは、思い出したように、パッとランプを照らし、足ぶみしては、ヤッホウと叫んで、迎えのくるのを待った。山腹にこだまして返るヤッホウをきくと、私は、せつなくつらかった。

盗人にされた話

敗戦直後の田舎街でのことである。

台所用の燃料は、季節がくると、車に一台いくらと、闇値で、街の家では買入れた。私の家では、それもできず苦労した。

闇成金の若い男が、川向うへ、製材所をつくった。そこから出る廃材は、貧乏人には喜ばれた。私の家でも、その廃材を買入れて燃料にした。

廃材の買入れは、いつも、女房が受持った。どうしたことかそのときは、私が出かけた。暑い日盛りであった。暑いから運ぶのはつらいので、片隅にまとめておいて帰った。

夕方、涼しくなって取りに行くと、もう作業も終って、だれもおらなかった。二度、三度に運ぶつもりで、一回を汗を流して運んだ。二回目を取りに出向くと、所長の若い男が、胸を張って、にらみつけるように、私を見つめて、立っていた。

私は、変だと思ったが、会釈して、廃材を運ぼうとした。若い男が『何処へ持って行く』と突然叫んで、私はびっくりした。私が廃材を盗むのを、家内が見ており、売った以上に多いというのである。私にとって、これほど無茶で迷惑な言葉はない。

私は、かっとなったが、理を尽して説明につとめた。水掛論で、解決はつかなかった。頑として、盗んだといい張った。

私は、興奮して震えた。

持ち帰った廃材を、再び運び返し、地面にたたきつけた。冷やかに、それを見ていた若い男は、ポケットから、金を出して無言で私に返した。

『これで解決がついた』と、その男はいった。私にきせられた盗人の汚名の解決はつけようもなかった。むしゃくしゃする切ない気持で帰ってみると、家では、今夜燃やすのもないと、女房にグチられて、今にも爆発しそうであった癇癪玉《かんしゃくだま》に火をつけた。

次男坊と半ズボン

今年の夏は、外出する以外はほとんど裸で暮した。汗かきの私は、まつわりつくものもない裸なら仕事も能率があがることに気がついた。夏だからいいようなものの、冬はそうはいかぬ。

陽ざしも、樹の枝葉のゆれも、すっかり秋の気配である。例年のことであるがこのごろになると、わびしさがせつなく胸をしめつける。

隣り近所ではそれとなく冬の支度も始まろうというのに、私のうちでは手順よく、冬の支度は始まらない。家族が多いので、一本ずつタオルをそろえるのにさえ苦労の種だ。

私たち夫婦の衣類は、とうの昔に子供のものに変っていて、着たきり雀の有様である。街から一切の衣料が姿を消したころは、まだ気安かったが、この頃のように物に不自由のない世の中になると、私のうちではすっかり経済的なバランスがくずれてしまった。男の私は平然としていても、隣り近所のウワサ話に女房はそっとタメ息をもらすこともある。

それにしても、この冬は、幾分助かるようである。先輩のうちの子供が大きくなり、着られなくなった衣類を、数々頂だいしたからである。その衣類を見た私のうちの子供らは、ことに女の子は、歓声をあげて、自分用をきめた。女房はひどく思いつめる風に、その様子を見守っていた。

そこへ、また小さい次男坊が割り込んできて、『これ僕んだ』と半ズボンを取り上げて、さっそく自分ではいた。子供の半ズボンでも、次男坊には太くて、長ズボンになった。

はいて得意になった次男坊は、とっさに家を飛び出した。『このズボン父ちゃんがもらってきた』と、前隣りへ出かけて行って、大声でしゃべっているのがきこえてきた。私も女房も苦笑するよりほかなかった。

イタチの生理

徳山に住む義姉からきた時候見舞の手紙の終りに、『母が草刈りしていて、イタチのヨウキに当てられて十日近くも病気した』と、こんな風なことが書かれていた。これはイタチの屁の悪臭にやられたことである。

女房が、その文を見て、おもしろい表現だと感心した。そして次のようなことを話した。

女房の生家は、昼間でも裏の藪の中で、狐の鳴声もきこえるという田舎の旧《ふる》い荒れ寺である。本堂わきの広場の中程に大師堂がありその堂の床下に、一ぴきのイタチが巣食っていて、ときどき姿も見せたそうだ。

あるとき、寺に飼われていた二ひきの犬が、どうしたはずみか、床下のイタチを、おびき出した。おびき出されたイタチは、真昼の太陽に、目がくらんだのか、広場を横切って、藪の中へ逃げこもうとはせず、大師堂の周囲をぐるぐると、犬に追われていた。また、犬も二ひきで、並んで追うばかりで、らちがあかない有さまに、人々は、手に汗をにぎって、面白半分に眺めていた。

犬とイタチでは、やはり、体力に差があるとみえて、イタチは、とうとう追いつめられた。あわや一と咬み、やられたなとだれもが、はっと息をのんだとたん、イタチは、身をひるがえして、最後屁を一ぱつ、ぶっぱなした。と、みると、意気地なく二ひきの犬は、もんどりうってぶったおれ、のたうちまわって苦しんだ。

イタチは、と、みると、とっさに大師堂の床下へ逃げこんで、すがたをかくした。完全に犬の敗けである。

私は、またイタチの屁なるものを、味わった経験がないから想像はつかないが、人間を患わし、犬を苦しますほどの、威力のある悪臭であることはほんとうらしい。

戸たてずの庄屋

四国の南の方、予土国境に、一〇六四メートル余の篠山《ささやま》がある。頂上には、地方人に崇められている篠山神社があって、眺望もなかなかいい。四季をとわず遊山をかねて、登山者が多い。

登山路は三方にあるが、正面の登山路は国境の正木川《まさき》をはさんで帯のように延びたせまい渓谷をさかのぼって登山口の正木部落で一服して登るのである。

正木部落は数年前に、やっと電灯が引かれたほどの、山奥の部落である。この正木部落に二千年近くも、連綿として続く旧家、旧庄屋がある。そうした旧家だから数々の伝説や逸話もある。

例えば、弘法大師が四国順錫《じゅんしゃく》の折りに立ちよられたとか、それを裏づけるものに、御真筆なるものが、家宝として今に伝わっているとか、そうした話である。

その中でも、もっとも興味を引くものに『戸たてずの庄屋』といわれて、年中開けっ放しの玄関がある。それでいて、泥棒にはいられたこともないところから、その敷居を家人に無断で、削り盗んで持ちかえると、盗難除のお守りになるとて、ことに、四国順拝者は、それを伝えきいて、数里の道をわざわざ寄り道して削りとるのである。そのために、玄関わきには、小形の鉈がぶらさげてある。

また、尨大《ぼうだい》な茅ぶきの屋根の上には、老木の楠が枝葉を傘のようにひろげている。何年かぶりには、屋根のふき替えをするのであるが、今日は屋根のふき替えだという朝になると、不思議なことに、楠の枝は、ふき替えの邪魔にならぬように、空へ向って、ちゃんと上っているのだそうである。

この屋根のふき替え話は、たれしも、今どき馬鹿なことをといいたい話であるが、敷居削りの話は、実は私も一度記念にと削りとったことがある。ほんとうの話である。

椎の実

中央沿線にある特殊な学校の低学年の生徒が、電車にどっと乗りこむと、ひどく騒々しくなる。車内を傍若無人に駆けめぐり、ませた口調で、しゃべっている。そこへ、普通の学校の生徒が二、三人乗ってきても、その生徒たちは、気負けしてか、目を見張って、車内の片隅にちぢこまってしまっている。私には、どちらの動作も、不愉快なことだと思う。都会では、こうした両面を同時に見せつけられるが、そのどちらの生徒も、知識も常識も、私たちの、想像以上に発達しているのに驚くのである。

私の家では、三人が小学校へ通っているが、学校から、持ちかえる宿題を見せられると、もう、私の力では返答が即座に出せるものでないので、私は兜をぬいで『お母さんに見てもらえ』と、逃げる有さまである。

うちの子供は小さいとき物に不自由な片田舎で育ったので、どうも都会の子供並に知育が進んでいないので、本人たちは、子供なりの苦労をしている様子である。

しかし、田舎で育ったせいか、三人とも自然に対する季節感は、敏感なようである。季節の思い出を、街の生活のなかに、うまく回想して楽しんでいるようである。

春がくれば、近くの荒地から、山菜としての野草を、さがし出してくる。海につかることは、さすがに諦めて、兄弟で思い出を語り合っている。

先日も、近くの大邸宅に繁る椎の大木から、路上にこぼれ落ちた椎の実を、長女が、二三粒拾ってきて、喜んでいた。その長女が学校で、椎の実の話をしたら、食べられることを知らぬ子もあったといって、得意気に私に告げた。

物に不自由な時代でも、都会の子供には、何か口にするものがあったのだから、自然に実る椎の実など知らぬのも無理のないことだと思った。

イリコ

伊予も南の方の、海岸の街に、どこからともなく、流れてきて、そのまま住みついている男がいた。お人善しではあるが、なかなか目先がきいて、敏捷《びんしょう》なので、儲けごとはうまかった。

闇物資が、幅をきかしたころのことであった。いつのまにか、その男もその道の達人になって、盛んに暗躍をつづけたことは、もちろんである。

その男があつかったものは、主にイリコであった。都会地でいうニボシ、または、ダシジャコのことである。イリコも統制品になってからは、街でも不自由したものである。

その男は顔をきかして、生産者から直接買いつけて郵便物にしては、どしどし都会地へ流した。

その方面からくる郵便物は、イリコの臭がぷんぷんしたものである。またその方面から出るバスも列車もイリコの買出人で満員になり、イリコの臭気で嘔吐さえもよおすほどであった。

漁村の生産者から、うまく闇買いをしたイリコを、自宅まで運ぶために夕暮に通路まで運んだ。レンラクしておいた郵便自動車は、その男の合図で停車した。その男は、さっそく、一貫目入りのイリコの袋を、ぽんぽんと自動車に放りこんで、最後にひょいと自分も飛びのった。乗ってみると、便乗者の先客が一人、暗やみにうずくまっているので、あいさつをした。先客の声をきいてみると、それは、平素顔見知りの、警察官であることがわかった。

こいつは参った、やられたわいと観念しそうになる気持を、ぐっとおさえた。そこはその道の達人である。度胸をきめて、『旦那いいとこで逢った、前々から上げようと思っていたがいいあんばいだ、これ一袋』と、いやおうなしに押しつけた。気転のきくその男の動作は、すらすらと運んで、ほっとしたというのである。

古本

今でも、ときどき手持の書籍を、古本屋へ持ち込むことをやっているが、若いころはまだ金も払わん配本になったばかりのものを、持ちこんで売り払ったものである。

そのころは、印刷局に勤務していたので、本屋が、月給日に係の人から直々に書籍代を取り立てて行ったものであった。本屋の方には、一度だって未払いなどなかったが、こちらは、そんな工合だから、買いとっては売り払った。

当時千駄ヶ谷に住んでいた。近所の古本屋は、みな顔馴染で、一と回り歩いて、高く値段をつけた店へ売ったものである。また、これはほしい本だと思って、買ってきた古本が、先に自分が売った本であったりして、一人苦笑したこともあった。

その後、代々木に移ってからも、古本屋通いは、止まなかった。古本を売るときはもうせっぱつまって、電車賃もなくなったような場合であるから、代々木から、広い大通りを下駄を引きずって古本の包を抱えて歩いたことを、ほろにがく思い出す。

そのとき、売りに行った店は若い兄弟の経営で、兄の方とは特に懇意になっていた。そのときは、兄の方がおらず、弟の方が店に坐っていた。弟の方は、あまり私の顔を見覚えていなかったようである。

私が、包を解いて出した古本には、私の蔵書の印が押してあった。その弟は、みすぼらしい私の姿を、見上げ見下して、古本に押してある蔵書印を、見つめていたが、『これ貴方の本ですか』というた。『私の本で、私が印を押したのだがどうした』とききかえすと、『この人は、展覧会にも出している人で、自分も知っている』というのだ。もとは、家へもこられたが今ごろ古本売りなどしないだろう、という有さまに私は、この人は、ひどく私を買いかぶって思いちがいをしているのだなと思った。

私はそれ以来蔵書印を押すのを止めた。

大章魚

伊予も南の方のさびしい漁村に代々続く旧庄屋がある。昔は、なかなか格式の高い庄屋で、屋敷の前を行き来する舟は、一応帆を下し、あいさつして通ったものだそうである。現在の当主もまた、人望があって、街のいくつかの名誉職についている。その人から、次のような話をきいたことがある。

その旧庄屋の近くの崖の上に、古寺がある。波打ちぎわから、石段が寺へ登っていて、寺の周囲は、甘藷畑である。丁度、甘藷の収穫どきであったそうな、だれいうとなく、毎晩寺の石段へ、お化けが出るというのである。女、子供はおろか、大人さえも、おじけづいて、夜歩きができなくなった。

そこで、多少やせ我慢もはって、村の若者たちが、そのお化け退治をすることになった。ある夜更け、えものを持った若者たちはそっと石段の近くに身をひそめて、お化けの出るのを、いまやおそしと、待ち受けた。

何時頃であったろう、波打ちぎわが一瞬騒がしかった。と、どうであろう、見るまに、目の前の石段に、ぽっかりと大入道が浮かび出た。いやもう若者たち、驚いたのなんの、声もたてずに、腰をぬかさんばかりに、胆をつぶしたというのである。

こわごわと、細目でのぞいて見ると、大入道は、のっそりと、甘藷畑へ入って行くのである。そのとき、誰かが『大ダコだ』とさけんだ。そこで、大ダコとわかって見れば、なんのことはない。若者たちは、喚声をあげて飛び出した。

甘藷をねらった大ダコは、時ならぬ喚声に、こんどは、自分が肝をつぶして、石段を転び落ち、あっというまに、海に走りこんだというのである。その素早いこと、

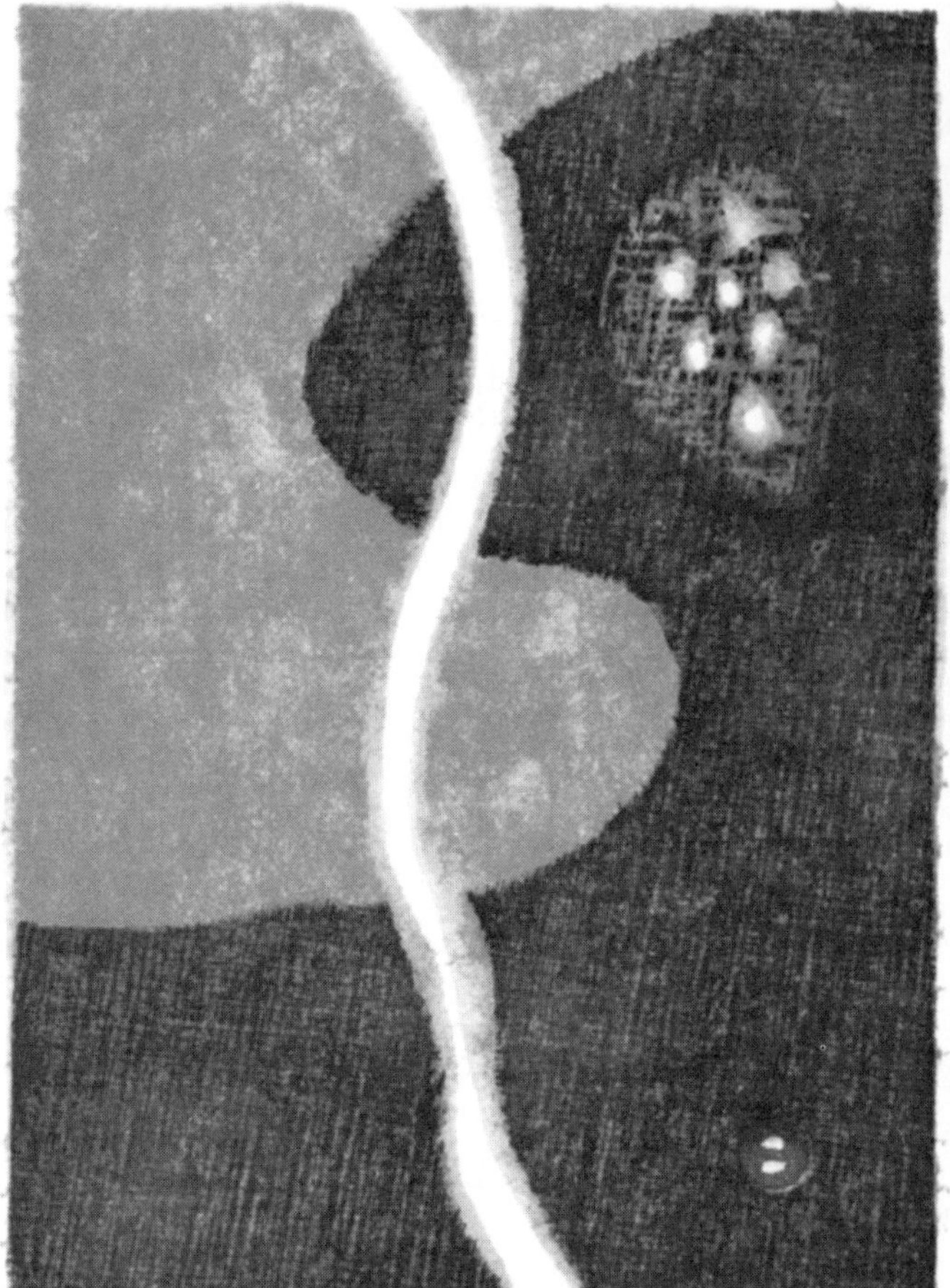

とうてい人間の足の早さの比ではなかったそうだ。早いかもしれぬ。人間は二本の足、タコは八本も持っている。その足で走ったのだから、と、こんなことを話したのである。

枯草のなか

高尾山といえば、四季をとわず街の人々の、一日の行楽地として、だれ知らぬものはない。日曜日など頂上の見晴台は、地面も見えぬほどのにぎわいである。戦前はそれでも、気軽に一日の歩行に山を味わえたものであるが、昨今はもう、子供などは連れて行けぬ場所となった。

最近、私は一人で絵の七ツ道具を抱えて、一人ぶらりと出かけて見た。丹沢山塊が、道志の山波が、初冬の青空にひろがっていた。白雪をまとった富士山は、みごとであった。足もとには、人造湖の相模湖が満々と水をたたえていることだろうが、木蔭のために見下せなかった。私は、頂上の見晴台の人の群をのがれて、小仏峠に通じる尾根径を進んで行った。すでに綿状になった薄の穂波が一面にひろがっていた。南を受けた草地では、一眠りしたくなるような、暖かさであった。

なんの気なしに、私は径から枯草のなかへ入って行った。二、三メートルも進んだろうか、突然、私の眼前に立ちふさがるように、陰陽二ツの個体が、がばっと飛び出した。

先方も驚いたのかしらぬが、あまりのことに私は目をつむって驚いた。と、いうのは、陰陽の各個体の腰から下には薄物一つまとっていないのである。それでも陽の個体は、とっさにズボンをまくし上げれば、一応その場はつくろえた。

助からぬのは陰の個体である。和服で、あの伸縮自在のなんとかまきというのが、あせればあせるほど、不手際な動作になってさがらない。見ていられる図ではない。あたりの枯草の中にその何んとかまきは赤々と目にしみた。それにもまして、目立つものがちらついた。

はっと我れにかえった私は、脱兎《だっと》のいきおいで、もとの径に飛び出した。

白壁にコウモリのたとえがあるが、あの有様は、まさにその通りであるなと思うと、顔がほてった。

おばけ

伊予の南海岸の小さな街に、旅館を営む実直な男がいた。俳句などでも街の仲間の五指に数えられる腕前であった。句会があると、いつも引っぱり出される人であった。

体軀《たいく》は堂々、容貌は魁偉《かいい》、不思議なことに臆病者であった。臆病者といっても、それはおばけなるものに、臆病だというのである。

ある夜、隣村で句会が催されるというので出かけた。句会がすんでも、無駄話に花が咲いて、いよいよ散会したのは、夜中の一時もすぎた頃であったという。自転車を飛ばして帰る途中には、二度三度と、次々に首吊りのあった淋しい森の堀切があって、そこ以外に帰る道路はないのである。

『淋しいなあ』『いやだなあ』と、一人言をいいながら、全力をあげてペダルをふんだものである。と、どうしたことか、森の中の堀切までくると、ぴたりと後から自転車を引きとめるものがある。

『そらあ出たあ』と思うと、汗も一時にひいた。振りかえってその正体を見きわめる勇気どころでない。回らぬ車を遮二無二引きずって、無我夢中、二丁ばかりのところにある一軒家にたどりつくと、『起きてくれ』『水一ぱいのましてくれ』と、どんどん雨戸をたたいた。

その家の女房が、起き出して見ると、街の旅館の主である。

一ぱいの水に正気づいた男は、投出した自転車を起して見た。と、どうであろう、後の荷積台に巻きつけておいた麻縄がほどけて、後輪の車軸に幾重にも、きりりと巻きついていたのである。丁度、さびしい地点にきたとき、物すごい振動のためはずれたものであろう。お化の正体はざっとこんなものであったが、その後、街ではまた一つ話題がふえたとよろこんだ。

アベックコース

延々と続く丘陵の畑の中の径は、灌木帯をぬけ、時に海を見晴すまことに絶好のハイキングコースである。海を隔て、房州の鋸山《のこぎりやま》が墨絵のように雲に浮んで見え、紺ぺきの海上は、豪華な外国船が進んでいた。

岬の突端には、目にしみるような白堊《はくあ》の灯台があって、都会からの参観者でにぎわっていた。ある電鉄会社のドル箱コースとかで、最近はアベックコースなど、華やかな宣伝もしているようである。

白髪頭を振りたてて、絵の七ツ道具などを抱えての私の歩きっぷりは、野暮の骨頂に見える。だが、一向にアベックに逢わぬ、いささか拍子ぬけの感があった。

畑より一段と深く落ち込んだ径を歩いていた私は一つ海でも見晴してやろうと思って、畑へ飛び出した。案にたがわずいい眺めであった。一と渡り眺め回したとき、私は異様な光景を見つけて、はっとした。胸がときめいて顔が赤くなったようだった。というのは、径を歩く人からは、絶対に見つからない窪地の草の中で、男のオーバーで、すっぽりと身体を包んだ、若い男女の有さまを見たからである。
二、三十メートル先きであるが私が出現しても平気で続けている。よく見ると、私に気づかないはずである。二人とも、目をつむって、うっとりと、まさに陶酔の境を彷徨しているのである。私に気づかないのが、幸いである。助らぬのはこちらで、せっかく勢いこんでいた写生も、感情が支離滅裂、ピントが合わなくなって……。

アベックに逢わないので拍子ぬけどころでない。私には刺戟が強すぎた。このコースは、正に行動派のコースになってしまったのであった。その後私は何としても、再びその径を歩く気にならぬ。電鉄の社員に、『いやもう大変なコースだよ』といったら、ニヤリと笑っていた。

雪の山寺

阿波《あわ》と讃岐《さぬき》の国境に、千メートルには、はるかに足らぬ雲辺寺山《うんぺんじさん》というのがある。山上に四国霊場の札所、八十八カ所のひとつ雲辺寺があって、雲辺寺さんと呼ばれ親しまれていて有名である。

もう何年か前に、私は独り、伊予の三島の街を発って登ったことがある。県道と別れて、山路にかかると、雪が積っていた。三里近い国境の尾根道を、登り下りして、雲辺寺山に近づくと、さすがに雪は深かった。それでも参拝者があるとみえて、雪面は人の足跡で乱れていた。

膝までもある雪をこぐようにして、寺の庭にたったときは、すでに昼ごろであった。山上の風雪にさらされ、荒れ気味の堂宇は四辺とともに寒々と凍りつき、寂として静まりかえっていた。そのためになお荘厳なものを感じ、私は本堂の前でおのずと首をたれた。

雪面を見慣れた瞳には、はいって行った庫裡《くり》のうちは暗闇であった。焚火の煙に目がいたみ、大粒の涙がどっと出た。寒さをのがれるために、主僧は里へ降っているのか、老人の役僧が一人、イロリの端にぽつねんと坐っていた。

雪の日に登ってくる参拝者のためにと、イロリにかかった大鍋には、ぐつぐつと暖かそうに雑炊が煮こんであった。『寒かろう早よう食え』と、大丼になみなみと盛って私にくれた。

熱い雑炊を腹のなかへいれ、心から暖まったので、私はやっと人心地がついた。四国では、四季をとわずこの『施し』を遍路にする。『おせったい』といって、これを遍路は大へんよろこぶ。誰それの命日だといっては、道ばたへ米やその他のものを持ち出し、通る遍路へ配り、その冥福を祈るのである。配る方では、お遍路さんをお大師さまと見なしての善行なのである。しかし、今の時勢では、その善行

もしなくなり、遍路さんもこぼしているらしい。

遍路宿

山上の荒寺で、ご馳走になった『施し』の雑炊も、本ものの遍路ならお礼だけで引きさがればいいが、私の場合はそうもならず、なにがしかを礼において、寺を出た。国境の道から分れ、北へ向って道は急に降っていた。急に視界が開けて、讃岐平野の麦田が、広々と見おろせた。見下す下界には一片の雪も見当らなかった。急な坂道を、軽装の三人連れの青年が、雪を分けて登ってきた。病人の、平癒《へいゆ》祈願の代参ではないかと思った。四国の山村では、今なお、そうした風習が残っているようである。青年たちは明るいうちに、下山できまいから、今夜は、あの暖かい雑炊の『施し』を受けて、寒い山寺へ泊まることになろうと思った。六里は歩いたろうか、とっぷりと日も暮れて、疲れ果てて、やっと観音寺の町にたどりついた。そこの街の入口に見つけた『木賃宿《きちんやど》』に、身体をなげ出すように転がりこんだ。『木賃宿』とはいうものの、遍路宿である。

飯もすんで、宿の者が出してくれた、薄穢《きたな》い煎餅蒲団を自分でしき、そのなかへもぐりこんで寝た。寒いので、すっぽりと頭まで蒲団をかぶると、垢くさい蒲団は湿っぽくて、気味がわるかった。

横になり足をちぢめて寝ているうち私はいつのまにか、うとうとしていた。私の広い額をごそりと、はったものがある。と、とたんにそれは額を滑り落ちて、ポトンと音をたてた。その物音に、ハッと目が覚めた。私は、もしやと思って、枕元においたナショナルランプをパッとともした。

頭をもたげ枕の上を、たんねんに見ると、案のじょう、そこには図体の大きい一ぴきの昆虫が、のそりとはっていた。私はとっさに、つまみ上げて、両の手の爪で押しつぶすと、気持のいい音をプツンとたてた。私はぞっとした。

女遍路

一人の中年の女遍路と、私は道連れになった。行くては、太平洋の怒濤の中へ突出している室戸岬である。

真冬というのに、レンゲの花や、何んというのか、桜の花をもう一つ小さくしたような花が、道ばたに咲いていた。

女遍路は、もう何回目かを回っているといった。今に漁村へ出たら、鯨の肉がもらえるともいった。遍路も特別な心願がないかぎり、生まぐさものを食うのに何んの不思議もないが、とんだことをいう遍路だなと思った。

亭主と別れ、その悩みのために、四国へ渡った様子であった。その内、また道連れになった若い旅僧と、懇《ねんご》ろになったが、その旅僧とも思わぬ別れをした。いまは、その旅僧の後を追っているようであった。

私は室戸岬へ急ぎたかったが、女遍路の足では、はかどらぬ。それをいうと、女遍路は、日が暮れればこのへんには、いくつも野宿をする岩穴がある、とすましたものである。見ると、浜辺の岩の合間には、いくつも野宿した跡が見られた。

私は、とんだ者と道連れになったことに興味を感じないではなかったが後悔もした。女遍路を引きはなして先へ歩き出す機会を、それとなく待った。それにしても、次次と、話題を持ち出して、私を引きとめる風があった。そこで私も、とうとう最後の手を打つことにして、そっと、いくらかの金を、つまみ出し『急ぐから一足先へ』といいざまその金を女遍路の手に握らせて、さっと、飛び出した。女遍路は、あっけにとられた形で立ちどまり、そしてわけのわからぬことを、わめいていた。後をふりむきもせず、私は道を急いだ。

暗くなって、室戸岬の宿に着いた。その夜、宿のおかみさんに、その話をしたら、『あんたも無粋なお人じゃ、おおかた鯨の肉よりは男さんの肉がほしかったんだろう』といった。

昆虫狩り

私が、室戸岬で写生をしていると、土地の人が近づいてきて、去年の夏、ここへ天幕を張り、家族と一緒に暮しながら、写生した絵かきがあったと話した。岩にくだける怒濤の果ての水平線は、雲霞の中に消され、ぼうようとして雄大な景観は、身も心も、けし飛んでしまいそうな眺めであった。

山を歩かし、海辺を眺めさす、霊場巡拝の行程は、たくまずしてうまくできている。弘法大師の偉大さがしのばれた。一つの戒律のもとに、幾月も歩きつづける遍路の旅、少々の病気ぐらいは治ること、まちがいなしだなと思った。

私は徳島から、海辺を歩きつづけて、幾夜も『木賃宿』にやっかいになっている。しばらく前から、身体がむずがゆくなっていた。宿屋では同宿人の手前、それを調べることもならずがまんしていた。

岩かげの日だまりで、私はすっぱだかになって、肌着の裏を見た。おるわ、おるわ、肌着の縫目に珠数つなぎ、昆虫がのそのそとはっていた。丸々と太って黒味をおびた、その昆虫を見て、私はぞっとした。

肌着をすてるわけにもいかぬ。そこで、私はたんねんに、一ぴきずつをつぶしていった。どの宿屋でも、ひろったわけでもなかろうが、それにしても、よくまあ繁殖したものだ。つぶしたあとには、まだ昆虫の卵が、点々とついていた。もうすでに孵化してからのものもあった。

不思議なことに、私は、その昆虫狩りにひどく興味がわいてきた。隅から隅まで狩りさがした。

私は、昆虫をつぶした両方の親指の爪を見つめて、浮浪者にはいる第一歩にはこんな精神状態がありはしないかと思った。

乞食遍路

伊予の国安村《くにやすむら》といえば、『伊予柾《いよまさ》』という紙の産地である。家々の軒端には、紙を干す板が並び、見るからに明るい村であった。どの家も裕福そうな構えで、そのうちの一軒が『木賃宿』を兼業していた。そこへ私は泊った。

いかがわしい服装はしていても、一見して遍路とは見分けがつくが、宿屋の人も私を鄭重にあつかってくれた。真先に、ふろにも入れてくれた。

私と前後して、泊りこんだ男の遍路があった。体格もいい、身なりもこざっぱりとしていた。その遍路が、風呂からあがったのを見ると、どてらなど着込んでいた。出された夕飯のお膳の前にどっかと、あぐらをかき、添えてある酒をちびちびのみはじめた。そして、一本、二本と豪気にのんだ。

その遍路が話す言葉は次のようなものであった。

もう三、四日もこの辺を歩いているらしく、明日は、どこを歩こう、あすこは、もらいがあるようだなどといった。

その日二升、三升と『施し』があると、宿へ持ちかえり、現金と替えるのである。こうした遍路は、乞食遍路と呼ばれている。土地の村人は、たとえそれが乞食遍路であろうと、一と握りの米を『施』す習慣である。乞食遍路は札所の寺は二の次にして、裕福な村から村へと渡り歩く、もうそれが職業である。

『乞食を三日すればやめられぬ』という言葉があるが、その遍路なども足が洗えまい。どこかの村の共同墓地で、無縁塚となるのがおちであろう。遍路の順路には、苔むした無縁塚を雑草のなかに見ることがある。昔の村人が、作ったものであろう。その無縁塚を見て、無常を感じても、現在目の前で、人もなげに、シャーシャーと、飲み食いをやられては、不愉快を通りこして、腹がたつ。しかし、今の若い人々には『施し』の関心はなくなったようである。

峠から峠へ

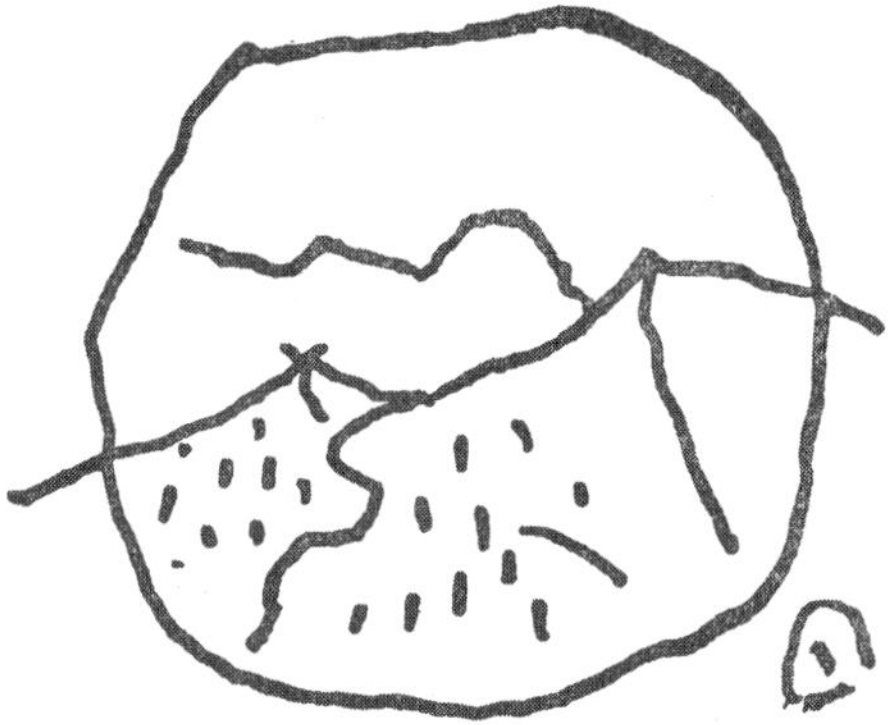

峠から峠へ

一

松山市から南へ向って土佐街道が走っていて、その街道が、東西にのびる山脈の分水嶺に登ってゆく、そこが、三坂峠であって、松山平野を取りまく山々を乗り越して、高知へぬける重要な地点である。

松山側は急峻な山腹であるが、峠の上は水田になっていて、細長い谷間に開けた水田と小さな流れと、ところどころにある村落、そうした地形が、はるかの下流の県境をすぎて高知県へまたがり、流れは太平洋へとそそぎこんでいるのである。

松山市からもよく眺められる皿《さら》ガ嶺《みね》（一二七一米）の山は、三坂峠の北にあって、松山の人々は一度は登りたいものと思う山であるらしい。松山から眺めると、山上が平たくてどっしりとした形をしている皿をふせたような眺めである。そんなところから、皿ガ嶺の山名がでたのかもしれぬ。

わたしも、一度は登ってみたいと思っていた山だ。わたしが思いついて、皿ガ嶺から東にのびて石鎚《いしづち》につながる山脈を北から南へ、南から北へと越えるいくつかの峠を歩いてみたくなり、三坂峠から皿ガ嶺へ登ったのは、戦争前の一月末のことであった。

三坂峠の「商人御宿」を朝早く出た。せまい谷間の水田は、氷と霜柱でまっ白く、あたりの樹木も草も霜をかぶって枯れたようにみえた。峠から一キロも土佐街道をくだってゆくと、六部堂というバスの停留所があった。変った地名なので、この地名も、たぶん宗教的な物語りから生れた地名だろうかなどと思った。

皿ガ嶺へは、土佐街道と別れて、その六部堂の停留所から東に細い道を登った。少し登ると、暖かそうに朝日を受けたかやぶきの農家が何軒もあった。屋根からは、霜どけの水蒸気が、朝飯の支度の煙と共に、ほのぼのとたちのぼっていた。

一軒の農家の屋根は、ふきかえてまもないのか、あたり一面古い材料が取りちらかっていた。それが、道へまではみだしていて、そのなかに、あめ色をしていると思える煤竹《すすだけ》が見つかった。杖にもよしとひろいあげてみると、幹が太くて片手では握れないものだった。杖にはならぬが、持ってかえれば、役にたつ代物だと思うと、無性にほしくなった。あたりには、人の気配もないようだし、これ幸いと無断で頂戴することにした。

砥部《とべ》の町でわたしは、古道具屋で見つけた貧乏徳利、そのなかには特製の水分がはいっているのを、大事なものと思いながらも、もてあましてかかえているところであった。そこで、特別な水分のはいっている徳利は、太くて杖にならぬ煤竹の先へくくりつけて肩へかつぐことにした。

二

皿ガ嶺（一二七一米）の頂上は、雪がとけて赤土が出ていた。歩くと靴底に赤土が重たくねばりついて、足もとはどろんこになった。氷のかたまりのように眺められる石鎚山が、東の青空に高々とそびえていた。冷たい風が吹きつけて、わたしは身ぶるいした。汗ばんでいた肌は、すっかりひえた。

わたしは早々に頂上をはなれて、身丈のひくい熊笹のしげる広っぱへ下りた。背にあたるところに、土手のように小高い草地が続いて、それが風除けになっており、暖く日が当って気持のよい場所だった。

夏はキャンプ場にもなる場所らしく、不自然に木の枝などが散っていた。山小屋の残骸は、見るも哀れなもので、柱だけが建っていた。ところどころに座板が残り、じめじめとくさっている畳のようなものが、土間にちらばっていてあたりはきたなかった。

山小屋の残骸の近くの木立にかこまれて水場があった。きれいな水がこんこんとわき出ていた。水場の近くの石の上に腰をおろして、朝から休みなく歩いたわたしは、やっと身体を休めることができた。

キャンプをやる人々も、水場の近くで食事の支度をするらしく小石を並べたあとや焚火のあとがいくつもあった。

三坂峠で仕入れてきた貧乏徳利の中味を、ちょっぴり利用して、ひなたぼっこをしていると、朝が早かったものだからねむくなったが、身体を横にできる乾いた草地がないので、貧乏徳利を再び煤竹のさきにくくりつけて腰をあげた。

春さきなら、いろいろな花が咲くのだろうが、冬枯の草地は、ひときわ目だって身たけのひくい熊笹の葉だけが目にしみる緑だった。その熊笹のなかをぬけて、いくぶん登ってゆくと、径は東に通じていた。その東に通ずる径の北側は、樹が繁っていて急傾斜になっていた。松山平野が、目のとどくかぎり見わたせた。その果てに樹木におおわれた松山城の天主閣がちらっと見えた。

径の窪みには雪があって、二筋の線が、不細工にどこまでもついていた。スキーをかつぎ上げて、不自由な思いをして歩いたものとみえる。平地の径が消えて、傾斜地を木の枝にすがりながら降った。煤竹の先の貧乏徳利が、背にぶつかって、中味が気持のいい音をたてた。降りついたところが上林《かみはやし》峠で径は十字路になっていて、なおも進むと陣が森（一二一〇米）を越して井内峠へ出るのだが、わたしは、上林峠を北へ向って降った。降る径は二筋になっているようだが、楽に降れる径をとった。その径は途中から山腹を斜に降るようになっていた。山上の径は東に進んだが、その山上の下の方をこんどは西へと反対に歩くことになった。樹木が繁って日当りがわるく、小さな滝の下は、一面の氷だ。普通では一歩も進めない。右も左も急傾斜で、滑ったら林の中へ落ちることになる。わたしは、木の枝を折りとって、皮靴にぐるぐると巻きつけて、滑り止めを作ると、氷の径を、全神経を足元に集中して、そろりそろりと渡り歩いた。

三

上林峠と黒森峠は、一つの尾根つづきで、その中間に、井内峠、白猪《しらい》峠、割石峠と、千メートルあまりの三ツの峠が並んでいる。どの峠も越してみたい、ことに白猪峠への登りの途中には、白猪の滝というのがあるのを、地図で見つけたので、白猪峠を越そうかと思ったが、峠を越して、南側へくだってからの、歩く順路がわるそうだから、わたしは、はじめから予定していた黒森峠を越すことにした。

峠のふもとの村に、老樹大木の繁る神社の森の石段の下に、一軒の雑貨屋とも休茶屋ともつかぬ店があった。

松山の学校の先生で、ここをとおって、よく山へ行く人があるが、その人はいつも下駄ばきで有名である、と、店のおかみさんが話してくれた。そのころは、登山家の友人もなく、それが、誰であるか皆目見当もつかぬままききすごしていたが、あとになってから、どうも、その先生は、当時松山高校の先生で、山の著書などもある有名な登山家ではなかったろうかなどと思ったものだ。黒森峠へは新道が、山の間をまわりめぐって登っていた。頂上近くで工事は中止されて、それからは旧道を登った。旧道といっても、道幅も広く、よくふまれているところをみると、村人にとっては、重要な峠道であるらしい。峠の上から石鎚山が眺められるかと、楽しみにして登ったのに、峠の前方へ張り出した尾根がじゃまをして見通しがきかず、石鎚山はみえなかった。峠の向う側は日当りもよく、地勢もゆるやかで、そこを利用して、杉や、檜の苗床があちこちにあった。苗床の畑の中の道をくだってゆくと、収穫したあと、とりちらかしたままの山畑がつづいていた。和紙の原料のミツマタの栽培もやっているとみえて、ミツマタの苗床も、かなり広い面積を利用して育てていた。

地図でみると、小綱という部落で、市口、竹本と、四五軒ずつ建っている部落がつづいたが、人影もなく、人声もせぬ、静まりかえった村であった。あたり一帯を笠方《かさがた》といっている、その笠方の竹本部落には、小学校の分校の建物もあった。ときたま通りかかる旅人のために、ただ一軒、人も泊めてくれるという農家があった。時間はまだ早かったが、わたしはその農家に泊まることにした。

笠方から川に添うて、十キロほどもくだると、杣野《そまの》村の中心ともいえる渋草の部落だ。わたしは以前に、久万《くま》から面河渓《おもごけい》・石鎚山へと登った時、渋草の部落へ立寄ったことがあった。渓あいをとうとうと流れる川岸に何軒かの店、郵便局、また村役場や学校が建っていて、せせこましいながらも村の中心にふさわしい雰囲気だなと思ったものだ。

竹本の農家の宿では、風呂をわかしてくれたり、なかなか気をつかって親切であった。宿屋としての設備があるわけではないが、わたしのような男には、まったく気がおけなくて気持がよかった。夕食の膳もささやかであったが、おどろいたことには、赤味の魚の一皿もちゃんとついていた。そうしたものを用意してあるところをみると、案外に泊り客もあるのかと思った。伊予でも最も山奥の村で、赤味の魚のサシミを食おうなどとは思いもよらぬことで、おどろいたり恐縮したりした。大体わたしは食物にはより好みがないのだが、その赤味の魚の新鮮の度合については、少々不安がないでもなかった。手持の貧乏徳利の中味はからっぽだったが、宿から出た一ぱいの勢で、わたしはけっこううまい、と夕食をすました。

四

笠方の竹本の宿をたって、ゆるい坂道を、梅ガ市の部落へと歩いた。道の両側には、ミツマタの苗床がずうっとつづいて、朝日がにぶく照っていた。さすがに山奥だ、山の風はつめたかった。宿を出たときから、少し腹の具合がおかしいと思っていたが、歩いているうちに、どうにもがまんができなくなり、気持がいらいらして落ちつかぬ、あたりを見まわしても、人家もなければ人影もない。わたしは、それをみきわめると、とっさに林の中へかけこんだ。しゃがみこむのに、その身支度もまにあいかねる有さまだった。用がすむと、気もせいせいとさっぱりした。この現象は、昨夜の夕食のときの赤身の魚のたたりかもしれぬと、わたしは一人苦笑してしまった。

梅ガ市の部落も、人家はまばらで、人影もなく森閑としていて、物音一つしないありさまだった。

石鎚山系の一つ、堂ガ森への登山路の点線が、梅ガ市部落のはずれから出ているのが、地図の上にしるされているのを知って、登るのにいい機会だと思ったが、山登りの支度が不充分だったので、思いあきらめた。石鎚山へは各方面から登っていたが、まだ、堂ガ森を経て登っていなかったのである。上浮穴郡《かみうけな》と周桑郡《しゅうそう》との郡境を北へ越えて、桜樹《さくらぎ》村へ出たのである。この峠にも名はあるのだろうが、人にも逢えず人家をたずねて峠の名をきくほどの熱心さもなかったので、林の中の急な細道を登った。林の中を登りながら、腹の調子をととのえるために、いくども林の中にしゃがみこまねばならなかった。そのしゃがんだ近くには、雪が消えのこっていた。

峠をまじかにしたあたりは、もう、道もなくまったくの廃道を思わせた。道のなくなった林のなかをまっすぐに、しゃにむに登ると、ついに目の前に青空がぽっかりと林の間からのぞかれる鞍部へ出た。そこが、乗っ越しで、林も向う側はまばらになっていて細々と道らしいものがくだっていた。鞍部にたっても、林にさえぎられて何にもみえず、わたしは、そうそうに北へ向って細い道をくだった。くだる途中の枯草のなかに、桜樹村を経て登る堂ガ森への指導標がたっており、そのあたりからのくだり道は、よくふまれていていい道であった。あたりは枯草の斜面で、日当りもよく、明るい山肌であった。

　桜樹村でも最奥の部落、保井野《ほいの》へくだりついた。峠の南側の笠方あたりよりは、ずっと、明るい部落だった。

　流れに添うて下る道は、道路の改修中で、石が出て地ならしのできていない道は、歩きづらかった。その歩きづらい道路を、もたつきながら歩いていて、道路近くの岩肌に一面にくっついたアオネカヅラというシダを見つけた。初めて自生しているのを見たので、なんとなく胸のとどろくような嬉しさを感じた。また、竹の葉を一枚つけたような形のラン科の一種も見たがその名前はわからなかった。

　川添いの道路が、山肌につきあたるところが、小松の町と松山市をむすぶ立派な道路で、そこの橋のたもとに、小さな二階建の旅人御宿があった。先客が一人あって、その人と一緒に、一室しかない二階の部屋に泊った。その人は、話の調子では、どうも、牛馬の仲買人のようであった。

　貧乏徳利をかついで、歩いていたわたしの商売は、その人には、けんとうもつかぬものらしかったが、何かの行商人ぐらいには見たててくれたようだった。

南土佐の山

山上の迷路

国境が伊予の方へ深く食いこんでいる、その食いこんだ広大な地域全体が、黒尊《くろそん》国有林で、そこを水源地にして、黒尊川がせまい谷あいを流れている。

国境の峠をだらだらとくだると、黒尊の谷の最奥の黒尊部落の下手の、黒尊川の崖の上だった。そこには、林用軌道のレールが、人道の上にしかれていた。黒尊部落の奥四キロほどのところにある伐採事業所から、本流の四万十《しまんと》川と黒尊川とが合流する地点口屋内《くちやない》まで通じている軌道で、朝のうち事業所から木炭や材木を運び出し、夕方口屋内からかえってくる。一日一往復のそのガソリンカーは、途中の部落々々で人も乗せ、運転手は部落の人々の御用もきいてくれるというほほえましい便利さだが、一日一往復では、時間外に峠をくだったわたしには、せっかくのガソリンカーもなんの役にもたたなかった。

歩きにくい軌道の上を、黒尊川にそってくだった。対岸には水田が黒尊川に添って細々と開けて、刈取り前の稲はよく色づいていた。人家は、軌道にそったせまい崖の上に、ぽつりぽつりと建っていた。

伊予の目黒部落から、わたしの越えた峠には、黒尊部落へもくだる道がある。その黒尊部落から西へ向って登ると、大峠《おおとう》を越えて、ふたたび伊予の山村御槇《みまき》村の御内《うち》へ出ることができる。このあたりの国境尾根には、一〇〇〇メートル前後の山が連なっている。大峠の東にも、大黒山（一一〇五・九米）がある。南国的に全山黒々と繁っていて、熊や鹿の棲息地になっているそうだ。

「四国に熊などおるもんか」東京の友人がそういったけれど、その熊がどういう種類のものかは知らないが、ずっと以前、大峠でとれた熊だといって、街へ売りに出たのをわたしは知っている。まったく、熊も棲みそうな、深々とした大深林が、ずっとつづいている。

奥屋内《おくやない》という部落、部落といっても五、六軒の人家がちらほら建っているだけ、そこには郵便局と学校があった。学校は小学校の分教場らしく、小さな校舎だけがぽつんと建っていて、せまい校庭では、四人ほどの生徒が、若い女の先生を中心にして、遊戯の時間のようだった。それはまるで、先生と生徒のままごと遊びのようにもみえて、まことに、ほほえましい場面だった。

学校の近くに、このへんでただ一軒の店屋があった。土間には酒、醬油、座敷いっぱいに日用品雑貨、文房具、僻地によくあるとおりの店だ。ここで、わたしは、アルコール分を少しばかり補給して、まことにいい気分になった。

店屋の老婆のいうには、この辺にも寒蘭があるが、どの辺にあるかは、おしえてくれない。家にも植えてあるというので、みせてもらった。家の裏の日当りの悪い場所に手作りの鉢に植えておいてあった。あまりいい育ちでなかったので、それをいうと、冬の頃屋根の雪が、ぼたっと落ちて、駄目にしたが、この蘭はよさそうな蘭だと、一鉢だけ自慢した。一本花芽がのびていて、黄いろい花が咲きそうだというのである。

老婆はわたしを何かの行商人とまちがえているようだ。その黄いろい花が咲きそうなのは楽しみに育てたいが、ほかの鉢は全部でもよい、買えというのだ。街へ持ってかえったら、えらくもうかるというのだ。わたしは、自分から蘭の話を持ちだした手前もあり、その老婆の要求をのらりくらりといいかわしたものの、断わるのに苦心した。

軌道の上を歩きながら、椎の木の林などがあると、すぐその林に飛びこんで、寒蘭さがしをするものだから、なかなか道がはかどらなかった。その夜は、奥屋内の部落から、三キロほどの下流にある本村《もとむら》部落のはずれの小道に、天幕を張って野宿した。

このときの山旅は、土佐の山へまではいるつもりはなかったので、このさきざきの食糧が心配になってきた。本村部落から軌道を四キロも下流へ歩くと石川部落だ。川向うの稲田のなかに、裕福そうな一軒の農家があった。わたしは、その農家にたのんで、三日分ほどの白米を融通してもらった。食糧

ができると、わたしはひと安心した。

土佐寒蘭の自生地の一つ、楠山《くすやま》部落へ山越えすることにした。峠への道は、ほんの少し、もときた道を引きかえして、黒尊川を渡り小川に添うて、せまい谷あいを登った。このあたりには、椎の木の林が多かったが、寒蘭はひと芽もなかった。日暮にはもう早かったが、峠を越すのは明日にして、小川のへりに天幕を張った。副食物は、まだ少なかったが米だけは豊富にあるので、晩飯は飯だけはどっさり食うて充分満腹した。

六四八・六メートルの頂上の直下を、峠道は西へ向い、そのままぐるりとまわって、北側へくだるようになった。石川部落の農家の人が、頂上にぐるりと道がまわる、そのまますすんでくだったら、ふたたびこの村へくだるから注意すること、ときかされていたし、これまでにもはじめて越す人で、峠を越えてくだったら、もとの村へくだりついてびっくり、狸にでもばかされたのかと、閉口した人がいく人もあるときかされていたから、このあたりが、その注意する地点だなと思った。

あたりは、陽の目もささぬ深林だ、ちょっとうす気味がわるい。しかし、道は一本道だ。なおも進むと、ゆるい尾根の上に出た、その尾根の上を細道が一本登ってきている。歩いてきた道をそのまま進めば、尾根の上の一本道へ斜にあって、そのままくだることになる。峠は登ってくだるものときまっているから、はじめての人は、そのままくだるにちがいない。わたしは、下から登った道を出て、いままで歩いていた道と別れた。そして、丁度引き返す角度で、下からの道を上に向って歩いた。

夜逃げする

ややこしいという峠の道も、村人にくわしくおしえられていたから、まようことなく土佐寒蘭の自生地といわれる橋上《はしがみ》村へ越えることができた。樹木の繁った深々とした峠だったが、標高は六百メートルほどのもので、なにもおどろく山ではなかった。

橋上村へ越して、林の中をくだるにつれ、椎の木の林が多かった。林が開けて人家があった。奥藤部落で、五六軒の人家がばらばらに散らばって建っていた。すでに廃屋になったものや、すでに立ちのいて、屋敷跡がそのまま荒地になったものなど、山奥の部落の哀れさを感じさすものがあった。

椎の木の林があると、林のなかへはいって見るが、寒蘭はなかなか見当らなかった。深い椎の木林のなかを通った。その椎の木林をぬけると道がくだり坂になり、松田川をはさんで楠山部落が見えた。

くだる途中の人家の庭に、村人が四五人集っていた。村の出合の仕事でもしていたものらしい、めいめいが、山鍬などをもっていた。そのなかの一人が、小さい寒蘭の苗を持っていて、これでもいくらいくらで売れるのだと話し合っていた。それを見てわたしは、胸がおどった。

土佐では、営林局が、寒蘭を保護するため、とることを禁じているのだが、村人も見つけ次第に掘りとっていることは、わたしも前々からきいていた。しかし、おっぴらに寒蘭の自生している場所をきこうものなら、蘭取りにきたというわけで、ひどい目にあわされるということだ。わたしは、くだり道から向いの山を見渡して、寒蘭のありそうな場所をねらいをつけて部落へくだった。そして、人家からはなれて、人目につかぬ場所として、松田川の川原の木かげへ天幕を張った。

松田川の対岸にそびえている篠山《ささやま》（一〇六四・七米）の東がわの椎の木林に、寒蘭があるにちがいないと、身軽になって川を渡ってはいって行った。

椎の木林は東に面して、すぐ下を松田川が流れている林のなかは、夏の陽は当らなくて涼しく、冬は暖かそうだった。ほとんど下草も生えていない赤土のような土が、むき出しになっていた。寒蘭は、ほんの少し生えていた。それでも自生しているのを見たものだから、胸がわくわくした。

＊

天幕の外でどなる人がある。天幕の窓からのぞいて見ると、一人の村人が、鉄砲を肩にして、つっ立っているのである。そして、荒々しい声や顔色から察して、いっぱい飲んでもいるようであった。峠からくだる途中の人家に集っていた人のうちの一人で、そのとき寒蘭の小さい株を持っていた人であることもわかった。

その人の言い分をきいてみると、風態のわるい男が山をくだって、野宿している。まことにうさんくさいことだ。一体なにしにきて野宿しているのだ。このあたりには貴重なものがあって、自分は村の組長でもあり、その貴重なものの番人でもあるというわけであった。わたしは、とっさに、寒蘭とりにきたとにらまれた、と思った。幸に寒蘭は、天幕のなかにもちこんでいたし、その人と、話のやりとりをしながら、後へまわしたわたしの手は、うまく寒蘭がその人の目につかぬように、毛布の下へもぐりこまし、窓からのぞきこまれても、わからぬようにした。

そうとわかると、しらっぱくれてやるにかぎると、わたしは、のらりくらりと、その人の話をそらし、また、かわして話を中心からそらすことにした。その人も、すっかり蘭泥棒と思いこんでいるものとみえ、話は、貴重なものからなかなかはなれない。その人も蘭ということは一言もいわないで、しかも、わたしにせまってくる。いっぱい飲んでいるようだから元気がいい。ぐっとかまえて、肩の鉄砲をゆさぶったときはわたしは顔色がかわったほどびっくりした。酒代をここでぽんと投げ出せば、にこにこ顔で、話の解決はつくと思ったが、そんな馬鹿々々しいこともしたくなかった。

わたしは、実際には蘭泥棒みたいなものだけれど、どこまでもそんな素振りはみせないで、いちかばちか最後の切札を出してみた。自分はえかきである、このへんから眺めた篠山はとてもいい景色だから、ほれ、このとおり写生にきたのだと、昼間写生しておいたものを、窓から見せた。

えかきときいて、いくぶんなっとくしたらしい。写生画を見てすっかり思いちがいをしていたと思ったらしい、その人の態度ががらりとかわった。自分の村へ絵をかきにきてくれたのか、ありがたいことだ。そこはやはり地方の人だ、そう思いこんだらすっかりやさしい気のいい人になった。川原では冷える、自分の家はすぐ近くだ。天幕をたたんで、早よう家にきて泊ってくれということになった。天幕をたたんだら、わたしのもくろみがばれてしまう。いやもうわたしは今夜はこのままにして、明晩泊めてもらうことにするといっても、話しこんで腰をあげぬその人に、わたしは内心ひやひやして弱った。

すっかり夜になって、わたしは、天幕をばたばたと片づけて、荷作りもそこそこに川原を引きあげた。松田川を渡ると、もう山坂になった。灯もつけないで、夢中で山道を登った。というのは、その人が、いくら待っても、その夜泊りにこないので、むかえにこられては、一大事と小心者のわたしは、一途に思いこんで、天幕の夜逃げをしたわけである。あとになって考えれば、なんと馬鹿々々しいことだったけれど、そのときは、そのときでしんけんな思いだったのである。夜逃げした、そんならやはり曲者だと、もしや、追手がきはせぬかと、暗闇の坂道をふりかえりふりかえり登ったのだ。

峠の上に石の地蔵さんが立っていた。それを、人影と見ちがえて、びっくりしたものだ。よほど、あわてていたことはほんとうだ。たかが、蘭の一株や二株を山から掘りとったとて、そんなにおそれあわてることもないのにと、いまは、そのときのことがおかしいやらはずかしいやらである。

その峠は、百日峠というのである。峠をくだり県境の川を渡ると、正木の部落で、愛媛県だ。そこで、やっと気も落ちついて、わたしはほっとした。ふりかえってみると、くだってきた山が、おっかぶさるように、闇のなかに眺められた。

信濃路の回想

戸隠の回想

戦争前のことであるが、詩人の津村という人の書いた「戸隠の絵本」という随筆集を読んだことがある。戸隠山の生活が、ことに、宿屋を兼ねている坊の習慣や、泊り客への応待など、興味深く書かれていた。その文章につられて、私は一人出かけた。

はっきりと、記憶にないが、どうも十月だったように思う。全山すばらしく美しい紅葉であった。あんなにも美しい紅葉を見たのは、生れてはじめてだった。

はじめの計画では、長野市から、七曲りを経て、旧道の戸隠街道を、ぶらりぶらりと歩いて、登るつもりであった。ところが、長野駅に朝ついてみると、戸隠行きのバスが、駅前で発車を待っているところだった。

バスのことを思わぬでもなかったが、いざ目の前に、バスを見たら、一と時も早く着きたいし、楽に行けるということで、ついふらふらとバスに乗り込んだ。

長野市から、戸隠の中社までは、四里以上はあるだろう。明治時代のことであるが、中社に住む神官の息子が、息子といっても働き盛りの中年の人だが、その人が、長野市にある営林署に勤務したそうだ。そして雨が降ろうが、雪であろうが、毎日中社から、長野市まで徒歩で通うたというのである。その四里以上もする道のりを、二時間足らずで、駆けるようにして、通い、毎日の通過場所の、時間もきちんときまっていて、途中の里人は、戸隠の天狗さまが通らっしゃる、今何時であると、その人の通る時刻で時間を判断したなどということを、ある人の書いた山岳書で読んでいたので、旧道の戸隠街道にも一と通りの興味を持っていたのである。

バスは、長野の街を出はずれると、やがて、山路にかかり、曲りくねった道路を走りながら、停留所ごとに、二人三人と客を乗せた。客も、野良着の人もあれば、外出着のおかみさんもあった。その頃だから、娘もほとんど和服で、女親に連れられた子供が、洋服をきているぐらいなものであった。きちんとした身なりの二三人の洋服の男は、外交員だろうかと思った。

途中から乗りこむ人も、乗っている村人とは、顔見知りで、あいさつぬきで、とんでもない雑談が飛びだす始末に、車中は、笑いころげるようなにぎやかさであった。いつもなら、とうに、車に酔うところを、幸い、そのにぎわいに気がまぎれて、私は楽々とした気持だった。

　ぐんぐん高度を増して、窓から見る裾花川《すそばながわ》の渓谷は、いよいよ深く見おろされ、雑木の山も、やや色づきかげんであった。戸隠に近づくにしたがって、乗る人よりも降りる人の方が多く、車の中は、だいぶ空いてきた。

　急な斜面の道路からバスは、峨々として連なる岩山が見渡せる、広い草原のなかの道路に走り出て停車した。そこは、銚子の口というところで、ほとんどの人は、そこで降りてしまった。洋服の男たちと、私だけを乗せて、バスは走った。

　当時バスの終点は、中社の手前の宝光社であった。洋服の男たちには、迎えの小娘が待っていて、下車すると、どこともなく見えなくなった。

　宝光社の部落には戸隠神社の里宮があり、戸隠宝光社と呼ばれている。そして、戸隠中社、奥社とあるわけである。

　私は、中社の部落に泊るつもりであったから、重いリュックを背にかつぐと、ゆるい坂道を登った。途中には、土産物屋とか、名物のそばを食わす飲食店などがあり、その間にはさまって、宿屋をつとめる御師の坊が、寺とも神社ともつかぬ建てかたで道の両側に並んでいた。

どの坊にしようかと、思案しながら登るうち、とうとう私は、中社の石段の前まできてしまった。中社の、すぐ左下の坊は先年火災をおこし、焼失し、その際中社の拝殿も飛火で焼けたそうだ。

私は、もときた道へ引き返したが、結局中社のすぐ下の、右側の坊の一軒下手の坊へ、泊ることにした。細木の黒門には、七五三縄《しめ》が張ってあった。広い庭先きには、石楠花《しゃくなげ》や、五葉の松などが育ち、その木立ちの地面には、部厚い山苔が一面に生えていた。さすがに山の宿だ、あたりには、幽邃《ゆうすい》な気がみなぎっていた。

門には七五三縄が張ってあるが、やはり寺院建築で、昔ながらのものであるらしい。広い縁側も、そのままでは、高くて腰が降ろされぬ、大きい踏石の上に登って、やっと腰がとどいた。

重いリュックを下して、汗をふきふき、案内を乞うた。「戸隠の絵本」に出てくるような小娘が、髪を桃割かなにかに結って、モンペ姿で、ちょろちょろと走り出てくるものと思っていたが、何んの返答もない、屋内は、深閑として物音一つしなかった。

やっと出てきた人はと見れば、色白で、長髪を蓄え、いくぶん腰のまがり気味の気品のある老人であった。方言で話す言葉もやさしいなかに、壮重なひびきがあって、私は、一瞬、毒気をぬかれた型で、ぽかんとしてしまった。しかし、私は、鄭重に泊りの宿をたのんだ。

まだ、時間もあるし、奥社へゆっくり参詣ができると老人がいうので、私は、縁側にリュックをおき、身軽になって出かけた。

中社には、仮りの拝殿が建っていた。近くの老杉の大木は、火焰で枝葉が、赤く焼けていた。火元だという坊は、片づけたままで、焼跡には、太い礎石が、遠い昔を語るように、哀れに並んでいた。

今登ってきた道路の家並が、木立のなかに見えた。家なども、どっしりと落ちついた建てかたで、一様に古びたものだ。それを眺める旅行者には興味がありそうだ。農作物は、あまりできぬらしいこの寒冷の地での生活は、なかなか厳しいものに違いない。その厳しい生活にも堪えしのんでいくというのも、先祖伝来の墳墓の地への執着で、そのきずなは容易には断ち切れぬものなのだろう。通りすがりの旅人の心で、浮世ばなれした土地だ、一生をこんな土地で暮せたらなどと思うのは、一片の感傷にすぎぬのだ。興味につられて、登ってきたことが恥しいようにも思う、と、

私は、この寒冷の地に生活する人々のことを思い、家並を眺めた。
裾花川の渓谷は、伝説、紅葉狩で有名な岩屋のある砂鉢山《すなはちやま》の向うの霞に埋り、北アルプスの一連が、新雪をきらめかして遠くに眺められた。四辺一帯は、紅葉である。ことに落葉松《からまつ》の紅葉したのは、独特の色合で見ごとであった。私は、紅葉の山の向こうに、清浄無垢な新雪の連峰を眺めたとき郷愁とも憧れともつかぬ感情が高ぶり、涙が出そうであった。

老杉の森をぬけると、右へ旧道の分れ道がある。木立の近くの棒杭には、NHKが仏法僧や小鳥の鳴き声をとるためマイクをすえた地点だという意味の文字が書いてあった。

このあたりが丁度、北と南の分水嶺になっている。信濃川へ流れ込む、鳥居川の源であって、戸隠高原の、最南端でもある。四辺には、紅葉した落葉松にまざって、白樺の幹の白さが、目にしみ入るようだった。

奥社のある峨々とした岩山の戸隠山は、紅葉と緑の織りまぜで、その山裾を埋めつくしていた。戸隠山と相対峙して、飯縄山《いいづなやま》が、なだらかに裾を見せていた。その中央の向うに、黒姫山が、見通せた。黒姫山の頂上は火口壁で、二ツ三ツの突起があり、興味のある山容であった。

私の泊った坊の部屋は、なんのかざり気もない簡素なもので、「戸隠の絵本」に出てくるような、紅葉の岩屋の伝説などを、さぐるにふさわしい古文書など、ありそうにも思えなかった。私は、別にそうしたものを、さぐろうなどとは思わぬが、なにかそうした資料的なものが、その坊の誇りとして、あるいは部屋に、かざってありはせぬかなどと思っていたので、あまりに簡素な部屋を見まわして、失望しないでもなかった。

うす暗い電灯の下へ、膳を運んできたのは、さきほどの老人だった。老人は、膳を置くと言葉少なに立ち去った。山家育ちの小娘が、こんどこそ膳を運んで現れるだろうと、期待していた望みは消えた。宿屋らしくない宿だから、老人が膳を運んできても、別に不思議はないわけだが、それにしても、さきほどから、この坊には女気を感じない、まさか、台所も老人がやっているのでもなかろうにと、私は、いくぶん戸隠の宿の色気ぬきなのを不思議に思った。

名物のそばを打ってもらって、うまかった。たのんで岩魚を、どっさり食った。

などと、食通ぶって、坊の泊りを自慢によくきかされていた。私は、そうした食通的な興味がない。また、そうした食通的なことには、一種の、いやらしさが感じられて、私は、嫌いだ。しかし、うまいものと、まずいものの食い分けはできると思う。味覚が、全然発達していないわけでもなさそうだ。

膳のものは、ほとんど山のものばかりであったが、空腹でもあったので、驚くほどうまいと思って、食いつくした。野育ちの私にとって、給仕なしの、自分勝手に振舞って食えたことが、また一段と膳のものを、うまくしたのかもしれなかった。

何軒かある坊の人々が、何年かぶりに交代で、奥社の神官を務める習慣で、その務め以外のときは、客を泊めたり、また、若い人は、山仕事などにも出て、生活を支えているともきいた。

その坊の若い人が、黒姫山の裾にある古池の、発電のための水量計の番人になって小屋住いをしていたのを、戸隠山を歩きまわって、四日目に柏原駅へ降るとき、その古池へ、まぎれこんで知った。その人は、久しぶりに里人に逢うたといって、東京の話しや、里の話しをききたがった。私は山の話しがききたかった。ここにもまた一つの生活があるなと思った。

涸沢・上高地

「ヒュッテ涸沢《からさわ》」という名だから、さぞ気のきいた小屋だろうと思っていた。その小屋は、涸沢谷の底部に拡がる雪間に離れ小島のように、少しの高地があり、この灌木のなかに、ぽつりと建っていた。まだ完成しない小屋の窓は雨戸もなく、平板が釘付けされていた。広くもない小屋のなかは満員であった。土間で燃やす薪がくすぶって、目を開けておられぬほどの煙が小屋のなかに充満していた。大つぶの涙が、ぽろぽろとこぼれる顔を伏せて、私が涙を拭いていると、小屋の老人が「山では煙も御馳走で」というた。老人を手伝う青年も老人の強い感化を受けてか、二度三度と老人の口真似をして、私を苦笑させた。せまい一室には、外人も二人割り込んで、泊まることになった。きくと、外人は二人とも、すでに針の木峠を越え、また、槍ガ岳へも南アルプスも、登ったというので、せせこましい山小屋泊りには、慣れている様子であった。小屋の老人とは顔馴染の人が、二人も三人も、私たち一行のうちにいたので、白馬から劔、立山、薬師、槍、穂高を縦走して、無事に涸沢に降った最後の小屋泊まりを祝うのだといって、老人は、とっておきの日本酒を振舞ってくれた。その猪口は外人にも回された。八ツ手の葉のような手に、器用に持った猪口は、目にもとまらぬほどの小さいものに感じられた。「日本酒飲みます」と上手にいってにたりと笑い、一口にぐっと飲みほした。

私たち四人ほどは、満員の小屋からはみ出て、小屋の下の方の灌木の中に張られた大型の天幕に泊まることになった。小屋の外へ出て見ると、涸沢圏谷の膨大な雪面が、闇の中にほのかに白く浮かんで眺められた。雪面の向うの岩裾の涸沢小屋からも、その近くに張られた登山者や夏スキーを楽しむ人々の、小型天幕の数々からも、人声はなく、にぶい灯りがちらついていた。

私たちの泊まる天幕は、二、三十人は楽に泊まれる二重式のものであった。天幕のなかには、すでに六、七人の男女が泊まりこんでいた。まだ準備もでき兼ねているので、毛布も不足した。張らない小型天幕があるから、それを引きかむって寝てくれと老人の口真似をした青年が、天幕に入ってきていった。

地ならしも出来ていない地肌へ、荒ムシロを敷いただけのもので、そのままでは、大地の冷えが身にこたえるから、天幕を敷いて、四人で一枚の毛布で寝るから、なんとか工面してくれとたのんだ。

枕を列べ、毛布をかぶって寝ていた男女が、顔を上げて、自分らにも、もっと毛布を都合つけてくれといいだした。婦人たちにそういい出されると、青年は急に声を落して、甘い言葉になって、その婦人たちの枕元に坐りこんだ。うまく婦人たちに丸めこまれたか、やがて青年は、何枚かの毛布を運びこんできた。私たち四人には、最初の交渉どおり、たった一枚しか渡してくれなかった。汗臭い四人の男は、身をすりよせて抱き合うようにして暖をとりながら寝た。

私が横になった地面は、盛り上っていたので、上え向きに寝ると反り身になり、そのままの姿では、五分とは寝ていられないので、私は横に寝る男に気兼をしながら、身を転々として朝のくるのを待った。

盛夏だというのに、圏谷いっぱい雪で、雪渓は、幾筋にもなって青空へ向って延びていた。雪面には、スキーの跡が入り乱れて、朝日がさんさんと耀いていた。

「日本にもこんなところがあるのか」と、驚嘆した人があったそうだが、三千メートル級の峻峰の数々に取り囲まれた大圏谷涸沢は、言語に絶した景観と雰囲気であった。

梓川に沿うて、上高地へ出る道は平坦で楽々と歩いた。

若い山岳画家Y氏が、男女二人を連れだって登ってくるのに会った。小型のザックに、画架と写生帖だけを小脇にかかえた軽装で、真新らしい登山靴が特に目立った。

しばらくして銀座の登山用具の店で逢ったとき「君の顔ったらなかったよ、ひげはのびているし、ひょろひょろしていたよ」と、Y氏がいうた。私は年にはかなわぬと思った。自分では、まだまだ若い者に負けるものかと力んでいるが、知らず知らずのうちに、衰頽《すいたい》の色が顔に出ているのだなと思うと淋しかった。

横尾の小屋で私たちの一行は休んだ。Z映画社に働く、自由美術のA氏に逢った。「まあ休養を兼ねての登山だが、社命で穂高へ登るんだ」というた。穂高では、その山岳映画社が映画の撮影中で、エキストラを務める学生が三人、昨日の夕方飛ぶように上高地へと降って行くのを見たが、その三人の学生は、A氏を迎えに行ったものとみえて、お供をしていた。

「よく歩けたものだ」と私をひどく感心していた。「ここまでさえもひと汗かいた。これからの登りが思いやられる」ともいった。以前はそうでもなかったが、最近すっかり太ってしまい、突き出た腹、堂々とした体軀である。一汗も二汗もかくことであろう。

穂高の現場ではほとんど代役で、本物の俳優は上高地ホテルあたりにのうのうと泊りこんでいるのだと噂をきいていたが、その本物の一行がどの辺まで登るのか、女優を先頭にたてててぞろぞろと進んできた。

あれが主演のPだ、W子もいると私たちの一行が私語《ささや》き合ったが、派手な服装に厚化粧の顔は皆同一の美人に見えて、疲れた私の身体が不思議としゃんと引きしまる思いであった。

前穂が、明神が、対岸の化粧柳の林の上にぐっと聳えたつ峻厳な景観に眺め入るひまもないほどの健脚ぶりを一行はしめして、ぐんぐんと道ははこんだ。待望の上高地が近づいて、誰も心がはずんだ。

V女史や、県の観光課のS氏などは、一通り名も顔も知られている名士だから、どこへも顔を出していた。徳沢園でも明神《みょうじん》でも休んだ。徳沢園では、一行の若い学生はもう甘いものにも餓えていたので、そこで見つけたスイカを打ち割って貪《むさぼ》るように食った。明神では財布の銭を勘定して、まだまだ食えると、アン入りの餅を買入れた。よくもまああんなに食えるものだと私は感心した。

原生林も繁り合っている、高燥な空気もすがすがしいが、明神池を中心にこのあたりには、もうワンピースにハイヒールの婦人が、若い娘が、アロハの男が、腕を組むようにして寄り添って歩いていた。人里の香が強くなり、そうした人々に会う度ごとに夏の暑さが増してきた。

小梨平の林の中は、さまざまの型の天幕でいっぱいであった。東京や関西の一流の新聞社の天幕も、社旗を見せてその中に張られていた。

近くの小さな流れには、水車で水を汲み上げて、水槽に満たす仕掛がしてあり、その水槽の周囲には、炊餐の支度をする、若い男女が浮々とした顔で群れていた。流れの水は炊餐用であるから、上流で水の使用は衛生上禁止すると書いた制札が、流れに沿うて建てられてあった。

五千尺旅館へ、リュックを下ろして休んだ。館主と顔馴染の四、五人の人々は、招じられて二階へ上がった。その人たちは、山の汗と垢を久しぶりの湯へ入って流し、畳の上で一眠りしたようでもあった。私や学生も、湯にも入りたいし、お茶の一杯も飲みたいが、懐具合がわるく、それも出来なかった。二階へ上がった連中が下りてくるのを土間でぽつんと待った。

梓川は雪解水が瀬をなして流れていた。化粧柳の古木が、緑の枝葉をひろげて、川岸にずらりと並んでいた。その柳の枝葉越しに、釣竿を持った老人の河原の小石を踏む姿がのぞかれた。河童橋のあたりは、流行の服装をした婦人や娘、折り目も正しいズボンの紳士、胸にリボンをつけた団体客、それに、大きなザックを背負った登山者、それらの人々で雑沓していた。山から降ったと思える登山者は、汗と垢で衣類が汚れていて、哀れであり、力んで颯爽と歩いてはいるものの、もうここらあたりではその姿は惨めであった。もうすでに登山家は上高地から締め出しを食った形であった。

それにしても上高地をそぞろ歩く避暑客には、どことなく落ちつきがない。品格がない。それは日帰りか、短期間の旅館泊まりの人々であるせいかもしれない。そこへゆくと、軽井沢は避暑地としての歴史も古く、別荘持ちの避暑客だから、落ちつきがあり、どことなく品もあるように私には思える。

並んでさえいてもらったら今日中にはかならず乗れる、とバスの停留所の係の人がいうので、私はその行列の後について並んだ。何時間待ったことか、その間にバスは着いては発ち、着いては発ちで、私は幾台ものバスの後姿を見送った。

早春の山歩き

夜の明けきらぬ南軽井沢の砂地の道は、うすら寒かった。馬取萱《まとりかや》の人家のあるあたりで、夜はすっかり明け、芽ぶいたカラマツ林のむこうで、人声がした。夜汽車の寝不足の気分がやっと晴れた。

芽ぶいて生々としたカラマツ林をぬけると、山にかかった。左手に押立山がながめられ、ふりかえると、朝もやの上に浅間山《あさまやま》が、煙をゆるくはいて、高々とそびえたっていた。ひくい峠をくだると、木の芽がのびて、晴々とした明るい谷底だ。暖かそうに四、五軒の人家が建っていた。そこは、高立の人家であった。

神津《こうづ》牧場への登り坂の途中で、かけくだってくる子どもにあった。ちょうどそこは、一本岩の岩峰のあるところで、わたしは腰をおろして一服した。チドリソウが、

花をつけて幾本もあった。岩には、クモノスシダ、つぼみのかたいイワナンテンもついていた。

神津牧場は、見渡すかぎりまだ枯草で、乳牛の姿も見えなかった。休日でないのか登山者もなかった。寂しい牧場の中の道を一人歩いて、わたしは照れた。売店の前に桜草の大株が花をつけていた。植えたものだろうが、それがひどく印象的であった。

荒船山《あらふねやま》へ登るには、一度谷へくだった。荒船山の山上の台地の片すみに、石のホコラがぽつんとあった。その裏手は、目もくらむばかりの垂直の断崖で、その向こうに牛かげのない牧場が見渡せた。妙義山はかすんでながめられた。さえぎるものが何一つない台地は、寒い風が吹きぬけていた。枯草はのびたおれてきたなく、春も遠い感じだった。

早尾峠へおりて、内山峡へくだったのであるが、朝から歩きつづけ、くたびれて足元もふらついていた。急な坂道で、上向きに滑り転んだ。背中のリュックをいやというほど、地面にたたきつけた。ぐしゃんと物のこわれる音がした。もうすでに、中身のなくなったまほうびんが、こなごなにこわれたものらしい。

わたしは、滑り転んだままの姿で空を見た。色づいたツボミをいっぱいつけた桜の枝が、空一面にひろがって、その枝々を通して、午後の青空が目にしみた。そこは、小さな社殿のある森のそばであった。

十文字峠越え

一

小海《こうみ》線の列車も、梓山行のバスも、どしゃぶりの雨のなかをつき進んだ。梓山の宿、白木屋《しろきや》の前にバスが止まったときは、どしゃぶりの雨は、とくにひどかった。宿の内玄関へ行くには、街道に面した長屋門風の構えをくぐるようになっており、わたしが、まっさきにバスをとびおり、どしゃぶりの雨のなかを、長屋門風の通路へ走りこんだ。わたしにつづいてとびおりてくる子供たち四人と、女房が最後にとびおりて、かけこんでくるのを見とどけて、やっとわたしはほっとした。

十文字《じゅうもんじ》峠を越すのも、梓山へきたのもはじめてで、皆目様子がわからないが、とにかく家族全員六人がひと晩泊らねばならん。わたしは、女房子供を、長屋門風な通路に雨宿りさして、一人で内玄関へはいって行った。内玄関の土間には、登山者のはき物が四五人分並んでいた。

まことに品のいい中年の女の人が、内玄関の小さなテーブルの前で、紙きれを整理していた。

「お泊りの通知をいただいていないと」

突然では混雑するから泊められないというわけである。その女の人の顔色をうかがい見ても、別に困惑した気色はないのだ。他分これは、老舗としての誇りに対するひとつのあいさつかもしれんと思った。わたしは、大丈夫泊れると腹のなかで思った。どしゃぶりの雨のなかを指さして、

「あのとおり多勢連れているのですよ、どんな部屋でもいいのですよ、泊めて下さいよ」

長屋門風の通路でしょんぼりと、わたしの方を見つめている女房子供の姿をしめした。

「多勢お連れではおこまりでしょう、なんとかなりましょう」

女の人は、無表情で、それでも泊れることを承諾してくれた。とたんに、品のよさがますますかがやくように、その女の人の顔、身体に感じられて、わたしは、いままでのおくそくを思いかえしてくすぐったいような気持で、家族の者をさしまねいた。

がっちりとした建具の広い家は、二階も階下も泊り客の部屋になっているようだった。二階の手すりに、ぬれた衣類がひろげてある。二組か三組の登山者の泊り客だろうか。

わたしたちが、通された部屋は、いままでの宿の裏手に新築したばかりの、ま新しい畳の香のぷんぷんする部屋で、多勢だからというので、襖《ふすま》をはずして、二部屋ぶっ通しの広い部屋にしてくれた。

千曲川《ちくまがわ》最奥の村の宿だから、一体どんなだろうと思っていたが、どうしてどうしていやみのない近代化された設備であった。わたしたちの家が、いまだに、がっちゃんがっちゃんと手押ポンプだというのに、湯殿も洗面所も上水道による便利さだ。そして、電気器具もふんだんに使用しているようだった。

夕食の膳は、山の料理であった。それを子供たちはよろこんだ。小学校三年生の末子は、四国へは行ったことがあるが、物心ついてから、宿に泊るなどという旅は、はじめてのことで、子供用のゆかたが宿にないとか、大人用のゆかたをあてがわれたのをきこんで、おどけはしゃいで、兄や姉二人にうるさいぞと、たしなめられていた。

若山牧水の『木枯紀行』に出てくる梓山の宿というのは、この宿だそうで、わたしは、ずっと前から一度は泊ってみたいと思っていたものだ。『木枯紀行』の一節に、

「此処の宿屋でまた例の役人連中と落合うことになった。ひとの食事をとっている炬燵《こたつ》にまで這入って来て足を投げ出す傍若無人の振舞に耐えかねて、膳の出たばかりであったが、わたしはその宿を出た。」

地方へ旅をすると、こうしたいやなことに出くわすことは、たしかにあるにちがいない。ことに、旅を好み自然を愛する感性のすぐれた牧水にとっては、いばり散らす地方役人の態度は、どうにも我慢できなかったことだったのだろう。それが、旧館のどの部屋であったのだろうかと、わたしは、そんなことを思いめぐらした。

そこへゆくとわたしなどは、一面潔癖なところもあると自分でも思っているが、

少々なことではぴんとこない一面もある。鼻の先で一発ぶうっとやられても、よほどの音声でないかぎりわからないのである。これは、以前中耳炎をわずらって以来、耳が駄目になり、臭覚が全然なくなったためなのだが、たとえば、言葉の上でも行動の上でも少しばかり失礼な態度をされても、そくざにぴんとこない。しばらくたってからやっと、あのときああであった、こうであったと心にこたえてくるが、これなどは、血のめぐりのにぶさの結果なので、すべてあとのまつり、あきらめてしまうよりほか手がないことになるのである。

よく日は天気がよかった。しかし、前日の雨で、梓山の部落一帯は、なんとなくしっとりとしていた。周囲の山々には、一面に靄がかかって、何にも見えなかった。前日のどしゃ降りの雨は、道路の表面を洗い流していて、小石の出た道路になっていた。歩きづらかった。

部落の家の建てかたなど、子供らははじめて見るので、めずらしそうであった。身体の小さい犬がやたらに目についた。日本犬の純粋なものにちがいないと思った。部落のなかほどでコンクリートの橋を渡った。地図を見ると梓川である。靄のなかから三国山あたりが、黒々と行く手をふさぐように眺められた。部落の最後の家をすぎたところあたりで、平坦な道と別れて、山道へと登って行った。

山道にかかったといっても、トラックが通れる道で、道の両側には、いろいろな花が咲いていた。白、黄、紫、咲き乱れたそれらの花を見ていると、朝のひえびえとする山の気配のせいもあるが、秋のもの淋しさが、ひしひしと胸にせまる思いがした。子供たちが、いちいち花の名前をきくのだけれど、その花の名前を正確に答えられなくて、わたしは、もどかしくなさけなかった。

登り道の途中に、どうもカリンらしい大木がぽつんと一本立っている。ふりかえって見ると、さきほど出発したばかりの梓山の部落の屋根が、ひとかたまりになって眺められた。山仕事に出向くのか、老人が一人登ってきた。足ののろいわたしたちを追いこして、まるで平地を歩くような足どりで、すたすたと先へ登って行った。

登り道を、登りつめたところが、戦場ガ原の一角だろうか、はてしなくつづく野菜畑で、よく見ると、それは外来種の野菜レタスであった。青々としたレタス畑のいたるところに、掘りおこした大木の根っ子がつみ重ねてあった。昔はこのあたりは、白樺林であったはずだ。山の文章でよんだ戦場ガ原の白樺林のよさを見ずじまいになった。おそらく戦時中か、戦後か、食糧難時代に、開墾しつくされたのだろう。見れば見るほど、みごとな、整然とした美しい野菜畑だった。

千曲川をはさんで、向うは緑一色の三国山の一連がつづいている。三国山へ登っている山道が、曲りくねって眺められた。朝の冷々とした風が野菜畑の上を吹き流れていた。まるで、秋の気配を感じる冷気だ。やがて、越さねばならん十文字峠は、右手の山根にうかがわれた。その峠のあたりだけが、あたりの山肌よりなんとなく、ややこしい形であり山肌であった。

小さな川を渡ったところに、建てまのない新しい人夫小屋らしいものがあった。近くには人の働く気配もないが、小川のへりには、食器などがおいてあった。その洗場の近くに、枝がたれ下るほど一面になった黄色い木苺があった。

小屋の前を行きすぎると、粗末な木柵が通路をふさいでいた。一方を押しあげて柵の中へはいった。そこは牧場で、青草をふみ荒した牛馬の足あとと、牛馬の糞が目立った。牧場の中の一本道も、牛馬の荒々しい足あとで荒れていた。牛か、馬か、ひょいと、藪のなかから飛びだして、わたしたちを、驚かしはせぬかと、おっかなびっくりで歩いたが、牛馬の姿はおろか、物音一つしなかった。

牛馬の足あとで荒れた藪のなかの道を進むと、小石の出た青草のない土がむき出しになった広場へ出た。自然石がいくつか、行儀よく間隔をおいて並んでいた。小屋でも建っていたようである。その自然石の上に山盛りの塩がおいてある。牛がどこからとなくよってきて、その塩をなめるのであろう。広場のなかほどの棒ぐいに「毛羽木平」と書いてあった。

家族の者となんと読むのだろうと、首をひねったが、「けばき平」とでも読むものだろうと、わたしがいいはったので、「けばき平」ということになったが、東京へかえってから、調べて見ると、それは、「もうき平」と読むらしいことがわかった。

牧場の出口の木柵を出たところに、三棟ほどがひとかたまりになった人家があった。その人家の庭さきを横ぎって行くのだが、家の様子では、一家族の住いのようであった。若い人の世帯らしく、庭さきには、洗濯した子供用の衣類が干してあった。その干物の下に、シャクナゲや、ヒメコマツの植木があった。ひょっとふりかえって見ると、家の中の土間に、若い細君らしい女が、子供を背おって、なにかごそごそとたち働いていた。

こんもりと繁った森のへりを半まわりしたら、とうとう流れている川のへりに出た。向うへ渡る橋は、橋板がなくなり、橋の骨だけが残っていた。甲武信岳《こぶしだけ》を水源として、流れ出た千曲川で、こわれかけた橋を渡れば、いよいよ十文字峠への登りがはじまるのである。

二

甲武信岳を水源にして流れ出ている谷川は、川床の小石が一つ一つ読みとれるほどすきとおったきれいな流れだった。横板のなくなった橋の太い骨木を、家族の者が、へっぴり腰で足先きでさするようにして渡った。

橋を渡り終ったところの繁みに、木苺がたくさん実っていた。それを見ると子供たちは、夢中で走りよって、夢中になって食った。その近くに、マタタビがあった。長女と長男は、マタタビの効能を知っていたが、わたしが、これがマタタビだと説明しても、半信半疑である。どうも親のいう植物知識などは信用できないという顔付を長男はしていた。マタタビであるかどうか、とにかく持ってかえることにした。

東京へ持ちかえったマタタビは実も草も、きたなく干からびていたが、当時わたしの祖師谷の家に、朝、昼、晩と、日に三度はかならず飯を食いにくる、飼主がありそうで、どこの猫やらわからぬおす猫がいて、うちの者みんながかわいがり、太郎とよんでいた。長男は、干からびたものだから、効能についてなおさら半信半疑の気持をたかぶらせていたが、とにかく、やってきた太郎の前に干からびたマタタビの蔓《つる》をおいたものだ。

猫とマタタビは、まったく不思議だ。本能的なものなんだろう。またたくまに、自分の身体をマタタビの干からびた蔓にこすりつけ陶然《とうぜん》とした顔づらになってじゃれつき、はてはたらりたらりとよだれを流しはじめた。長男は一言もなく、マタタビの不思議な効能に感心してしまった。といういきさつもあったのである。

道は小石の歩きにくい道だ。小さな流れを飛び石伝いに渡ると、道は急に坂道になった。今まで歩いていた道は、林道となって、伐採した禿山を左へ登っていた。わたしたちの登る道は、小さな流れにそって、右へ登った。その登り口にあたるところに、昔の里程標《りていひょう》の石の観音さまが立っていた。わたしたちは、逆道を登るのだから、この観音さまが、何里観音であるかということは、栃本へ行くまで知らなかったのである。

山もだいぶせばまって、深山の気分が強まった。ふりかえってみると、はるか下流の方に、流れをせき止めて、水をたたえているのが眺められ、気のせいか、家も二三軒建っていはしないかと思われた。次男が、その貯水池みたいなものを眺めて、泳ぎたいなといった。

観音さまから少し登ると、道が急にせまくなり、急角度にきつい登りになる。そこで、わたしたちは、ひとやすみした。まださきのながい水のない峠歩きの用意に、どの水筒にも水をつめた。登る人がだれでもやすむ場らしい。流れのそばには、焚火のもえさしや、空缶や、キャラメルの空箱や、古新聞が散らかってきたなかった。そして、道と流れの高さが同じなものだから、道へも流れ水がはいってきていて、道は、じくじくときたなかった。

わたしたちが休んでいる頭の上で人声がして、次男が、人がいると立ちあがったかと思うと、元気のいい若者が、かるいリュックをかついで、どたどたと急な坂道を降ってきて、わたしたちの前をとっととすぎて降って行った。

わたしたちが休んだ場所からしばらく急なじぐざぐの道を登った。長男と次男は、その急な道を、さっさっと足軽に登って行くが、わたしは、息切れがして、汗がたらたらと流れた。急な道を登りつめると、山の鼻へ出た。そこからしばらく平地の道がつづいて楽だった。山の鼻のところから、原始林になって、モミかツガの巨木が目だった。

道がふたたび急な登りになると、もうあたりはうっそうとした深林で、登る道も水気をふくみしっとりとしていた。なんという鳥か枝から枝へ音をたてて飛んでいるようであったが、ついに鳥の姿を見なかった。歩きかたがのろいようであった女房は、案外達者に登っていた。長男が先頭を登り、次男、長女、女房、次女、私の順で登った。平地を歩くときは、一番よくしゃべりいさんでいた次女は、急な登り道になるとやれ足がいたいの、水が飲みたいのと、山なんかくるんじゃなかった、などと、泣きごとをいいはじめた。だから登る足元もにぶって、先を登る四人とはずいぶんおくれて登るはめになった。

次女の足ののろいのは、わたしには大助りであった。リュックは重いし、なかなか身軽にさっさとは登れなかったのである。登り道で幾人もの人が降ってきた。降ってくる若者たちは、次男の登山姿を見て、ぼうや元気だなと声をかけてすれちが

う。そういわれることが、うれしくて得意そうだった。二人の娘さんは、道をゆずりながら、おばさんえらいわね、とあいさつする。ふうふういいながら登っていた女房は、人まかせで登っているのでと、照れていた。

急な深林のなかの道を登りつめると、十文字峠近くから張出した一つの稜線に出た。八丁坂と書いた棒が立っていた。ほんの少しの平地に休み場所ができていた。みんなが、やれやれと、各自の持ちものをなげ出して、思い思いのかっこうで休んだ。わたしはまっぱだかになって、下着の汗をしぼり出した。洗濯物をしぼるように、汗がどっとしぼり出て皆がおどろいた。

登る途中、泣きべそをかいていた次女も、リュックから取り出した甘いものや、ジュースを見ると急に元気づいた。長女が、それらのものを、分ける段になると、こんどは、量の問題で、四人の子供らは、口やかましくしゃべり出した。どやどやと、高校生の一団が一人の先生を中心にして登ってきた。その一団も、登りついたとたんにリュックをなげ出した。先生はリュックをなげ出したとたんに、大の字になりねてしまった。生徒らは、いっこう平気でくたびれたという顔つきの者は一人もいない。やはり若さというものには、勝てないものと思われた。

八丁坂の休場からは、木の根が地表にはい出ているところを進んだ。そこをすぎると、明るい切開いた山腹を横切って進むようになる。右手の深林の谷をへだてて、黒々と繁った山の図体の大きいのが眺められた。甲武信岳方面である。


十文字峠は、いったいどこが峠の頂上やらわからない。まっすぐに空にのびる巨木、その下草にシダが繁っている。そのあいだを細道が通じていた。甲武信岳方面へ登るさきほどの高校生の一団が、別れ道のところの休場で昼飯を食っていた。

道が、甲武信岳道とわかれると、わたしたちの進む道は、山の左側を進むようになった。光もささぬような深林で、左側は深い深い樹木の谷であった。地図で見ると、大滝川の水源帯のようである。道の右上に二度目の観音さまがあった。そこに栃本道の指導標もたっていた。栃本道は、わたしたちの歩いてきた道と別れ、直角に左の深林へと降るのであった。観音さまがたっていなかったら、見すごしてしまいそうな別れ道の入口である。指導標も少しそまつなものであった。

その別れ道で、まっさおになるほど、わたしをあわてさした。と、いうのが次男の姿が見当らないのだ。いつのまにか、平坦な道だからとっとっと先に行ったらしい。栃本道をやりすごしてまっすぐ進んでいるとして、その方を追いかけても、次男の方では栃本道を進んでいて、いつまで待ってもわたしたちがやってこない、十文字峠あたりまで引きかえされでもしたら、両方でさがしあいで日が暮れる。困ったことになったものだ。残った家族五人の者が、不安な気持で顔を見合せた。

三

深林のなかから物を打つ音がきこえた。残った親子五人が、さっと生気をとりもどした。親子五人が、かわるがわる大声あげて、次男の名をよんだ。そのよび声がながく尾を引いて、うすぐらい深林のなかへすいこまれてしまわないうちに、突然、自分たちのいる場所のま下あたりから、「なーんーだー」と、おどけた次男の返事の声が飛びかえってきた。

わたしたちは、まったく、ほっとして、張りつめていた気持が、さっと、ゆるんだものだ。そこにじっと待つように、わたしは大声でどなって、柳小屋へ通じている地図の上の点線の道と直角に別れて、急な坂道を降った。降るときひょうきんもの の次女は、ありがとうございました、とわかれ道にたつ観音さまに頭をさげた。

次男は、石の採集に夢中になっていて、石をさがして、先へ進んで行ったもので、別れ道に建っている指導標の栃本道の文字に、よく気がついてくれたものだ。無鉄砲に一人で先へ行くからみんなで心配したのだというと、次男は、道さえ間違わねばいいでしょ、と、あっけらかんとした顔つきをしていた。

＊

これまで十文字小屋は、峠にあるとばかり思っていたのに、小屋はどこにも見当らない。小屋へはいる道を見すごしたのだろうかと、なおも進んでいると、道の下に屋根をぽっかり見せた小屋の上に出た。峠からは、かなりの道のりであった。

小屋の周囲は深い原始林で、小屋の前方だけが切り開かれていた。明るく南の日をいっぱい受けた場所であった。深い谷をへだてて甲武信岳から破風山《はふうさん》へ連なる黒々とした深林の山肌が気味わるく眺められた。

甲武信岳へ登るという学生が二人、いせいよく昼飯の支度をしていた。一人の学生は、ま新しいリュックに、ま新しい登山靴で、それがひどく目立った。

わたしたちも昼飯にした。梓山の宿でつくってもらったにぎり飯は、小児の頭ほどもありそうな大きいものであった。その大きなにぎり飯がなくなるだけでも、これからのリュックは、軽くなりそうでうれしかった。

＊

小屋番をしている女の人は、おばあさんとよぶほどの齢ではなさそうだったが、そのおばあさんが、女子供を連れて、これから栃本へは無理だ、毛布もたくさん用意してあるから、寒い目にはあわさん、小屋へ泊って朝ゆっくり降ったらいいと、泊りを盛んにすすめてくれたが、そのおばあさんの言葉のなかには、わたしたちに対する親切さ以外のものが、ひどく感じられもした。

わたしたちは、万一のときの用意にと毛布や、米の用意もしていたので、小屋へ泊っても、さしあたり食糧の心配もなかったわけだが、予定通りにその日のうちに栃木へ降ることにして、おばあさんの言葉を後に小屋を出た。

小屋をたってから、ゆるく降ったり、ゆるく登ったり、そして平地の道がしばらくつづいた。深い原始林だから、見えるものは、こけのついた木の幹と青い木の葉だけだ。そうなると子供たちは、もうたいくつしてしまった。ひょうきん者で口も達者な次女は、これまで、おどけてみなを笑わせていたものだが、愚痴をこぼしはじめたのも、いの一番であった。

ゆるく登りつめると、こけが一面に生えた場所があった。見晴らしは少しもきかないが一服するにいい場所だ。子供たちをなだめるために、リュックを開いた。その中味のものが分けられて、一と通り口の中へはいってしまうと、それとなく、次々に人目のつかぬ方角へ姿を消して、しばらくすると、晴々とした顔つきで、わたしのそばへもどってくる。そして、誰々はどうであった、こうであったと、生理上の結果を話し合って、子供らは笑いころげた。

＊

平地の道のかたわらに、観音さまがたっていた。観音さまと観音さまの間が一里だときいていたが、十文字峠の分れ道からちょうど一里歩いたことになる。もう二里も三里も歩いたような気がした。わたしもひどくつかれてきたようだ。

地図にある一八一八・八メートルの三角点の北側を巻くあたりで、北の方の山々が眺められた。どこを眺めても、黒々と繁った緑の山また山で、子供たちもうんざりしているようであった。一八一八・八メートルの山腹を半巻きして、道は再び尾根の南側に出る。そのあたりだったかと記憶にはっきりしないのだが、断崖の下がえぐれて、一人二人なら野宿もできそうなところがあった。

赤沢谷《あかざわだに》が直下に黒々とした緑の原始林につつまれている。風の吹き具合で、水音がかすかにきこえてくるようであった。それをすぎるとまた深林の道は、尾根をたどった。

どのあたりであったか、山腹の北側を歩くところあたりだったろうか、鍾乳洞を標示した棒がたっていたように思うのだが、どうもはっきりしない。観音さまの前にある岩のところには、見晴らし台の標示があった。たぶん有名な覗岩だろう。長男と次男が岩の上に立った。どこから眺めても胸のすくような深い原始林の山また山である。

十文字峠で一カ所だけ水場があると、案内書で読んでいたが、ついにその水場をさがし当てなかった。地図を見ても、これからさきに水場のありそうな地形ではない。

*

白泰山《はくたいさん》の北側を歩いているときであった。わたしの足はくたくたにくたびれているものだから、なんとなく足がもつれた。転んで急な道下に落ちかけたが、とっさに木の枝をつかんで、落ちるのを止めたものだ。家族の者がひどく気づかってわたしのそばへかけよった。わたしは、かすりきずもしなかったが、長女などは、遭難したぐらいに大げさにさわぎたてた。わたしは気はずかしかったが、苦笑してその場をまぎらわした。

白泰山をすぎるころから、樹木の様子が変ってきた。いままでの幽林という感じはなくなり、普通の山の林になった。わたしの背丈よりも高いクマザサが繁っていて、道の両側がきれいにかりこんであった。道は、もう降り一方であった。

降りになると、つかれている足がいたい。ぎくしゃくと、歩きにくい。太ももの筋肉がいたむ。見るとだれもそうらしい。尻が左右へ大きくゆれて、びっこを引き引き降って行く家内の姿を、次女は、大声をあげて笑う。その次女もまた、尻をふりふり降っていた。つかれていても長男は元気がいい。まっさきにとっとと降って行った。それに長女が続いた。

道草をくいくい歩いた次男も、一日歩きつめたものだからひどくつかれたらしい。気持は元気なんだが、足元が自由に動かぬらしい。後から見ていると、足元がもつれて、いまにも前へのめりそうだ。そこで、わたしは、身丈のあるクマザサを二三本切りとって次男の腰にくくりつけ、そのはしのところを持って、次男が前のめりするのを後から引っぱるようにして降った。

＊

尾根筋からはなれて、道が南側をくだるようになる。立ち木も若木で、明るくなったが、日はもうとっくに沈んでいたのである。観音さまが建っていた。栃本から登れば、一里観音で、さあもうあと一里だと、みんな元気を出したが、年には勝てないのか、わたしは、身体がいうことをきかない。家内、長男、次女、次男を、さきへ降らせて、わたしのそばには長女が残ってくれた。

木立もなくなり、栃本方面が夕暮の明るさのなかに眺められて、もう一息だぞと、長女とはげまし合いながら、くたびれて、もつれる足を引きずるのだが、思うように足が前へ進まない。わたしと長女が、もつれあうようにして降っているうちに、ついに、とっぷりと日が暮れてしまった。

最後の力を総出しにして降った女房、長男、次女、次男は、わたしたちより一時間も早く栃本の宿へ着いたらしい。後で知ったのだが、わたしと長女の降り着くのが、あまりにおそいので、遭難したんじゃないかと、次男がひどく心配していたというのだが、わたしたちは、途中で、ランプの故障で、明りがなくなり、栃本部落の家々の明りを、うらめしい思いをしながら、足さぐりで、長女に手を引かれるようにしてのそりのそりと降ったのである。

燕岳の頂上

二十何年も前だった。地元の村の人に燕《つばくろ》へ登ろうやと、わたしはさそわれたことがあった。当時のわたしは、さそわれたら、そんなら登ろうと、そくざに山へ登れるほどの余裕がなかった。時間にはじゅうぶん余裕があったのだが、費用の金の工面がつかぬ時代だったのである。

さいきん、外語大教授のK氏と、山の写真のU氏と、わたしの三人がそろって燕へ登った。昔さそってくれた村人のことをたずねてみたが、山里の若い人には、けんとうもつかぬほど昔のことで、その村人はわからなかった。二十何年ぶりに思いを達したわたしは、燕の頂上の、風化した花崗岩質の岩の上に立って、感慨無量だった。

信州の山へはよく登ったのに、ついぞ燕へ登らなかったのは、別になんの理由もないのだが、思えば不思議な気もする。K氏は、旧制高校時代に夜をかけて、槍から三人連れで縦走したことがあると、わたしたちに話しかけてなつかしがった。K氏は、スケッチブックをひろげて写生する。沈思の状態で、吹き上げる霧のゆくえ

を見定め、鳥の鳴き声をさぐっている。そして、霧に埋められた高瀬川の方を見おろして、鳥はいないようだ。と、ぽつんと一人言をいった。

風がちょっとでも、岩に吹きつけて、霧を払うと、U氏は重いカメラを三台も抱えて、岩と岩の間を、飛鳥の早業でかけめぐった。U氏は、夏場だけでも何度も燕へ登り、岩をうつしているのだそうだ。そして、奇妙きてれつなかっこうの岩を見つけては、一人エツにいり、わたしたちを笑わせた。

登る途中の合戦《かっせん》小屋あたりのナナカマドは、すでに紅葉しかけていて美しかった。ウメバチソウが、ここでは、まだたくさん咲いていた。紫の花、黄色い花、赤い花、とりどりに咲いていた。マイズルソウの赤い実が、ぽつんと一つ実っているのは、小さくとも充実したかれんさがあって、心を引きつけた。シラタマノキの白い実、クロマメノキの黒い実、コケモモの赤い実、花にかわって、目をたのしませ、心をよろこばせてくれた。

頂上のあたりは、ハイマツもあらされていなかった。昔は、コマクサがたくさんあったそうだが、いつのまにか燕山荘《えんざんそう》の小屋の近くでは、ほとんど見られなくなったということだ。それでもわたしは、花崗岩質の岩場の少しはなれたハイマツ帯の近くで細々と生きながらえているコマクサの苗を三株みつけた。登山者にふみにじられないよう、見つけられぬよう心に念じて、わたしはそこをはなれた。

気づかわれていた天気がくずれて、突然大雷雨になった。頭髪がぴっとさかだつ感じのなかを、燕山荘へ飛ぶようにしてはいった。

北アルプスの記

白馬大雪渓

四ツ谷の街の家と家とのせまい路をぬけると、青田が向こうの山のふもとまで広々とつづいていた。かんかん太陽は照りつけるが、ひんやりとした風が吹きわたって涼しかった。道のそばを流れる小川の水は、きれいにすんでいた。見上げる向こうの残雪の光る山から、雪をとかして流れてきているのだなと、すぐにわかった。青田のなかの一本道は近道なのか、登山者がぞろぞろとつながっていた。青田のなかの水を見てまわっているのか、村人が一人とくに青田のなかで目だった。このあたりでは、登山者の姿などは、毎日見あきているのでめずらしくもない。わたしたちの方をちらりとも見ず、いつのまにか遠ざかってしまった。わたしは、なんとなく照れくさかった。

わいわいと話しあって歩いていたので、細野の部落を通りすごしたのも気がつかず、広い道へ出て、バスが行く手の山のふもとの森のなかへかくれたのを見て、すでにわたしたちの一行は、細野の部落を通りすぎたのだなと思った。行く手の森のなかに、バスが停っていた。乗れるものなら乗ったらいいと、わたしたちは、急ぎ足で近づいて見ると、バスのなかはからっぽで、乗務員も乗客も見あたらない。故障でストップしたものらしく、はるか向こうの方を多ぜいの人が、ぞろぞろ歩いて行くのが見えた。たぶん、降ろされた乗客が、山へ向かっているのだろう。わたしたちは、時間にまだ間があるというので、バスに乗らず近道を歩いたわけだが、けっきょくバスに乗ったと同じ時間であったようだ。二股の出合へ着いたときは、バスの人々と一緒であった。二股の店屋は、登山者たちにとっては山小屋というのかもしれん。昼にはまだ遠かったが、店屋の前は降った人登る人でごったがえしていた。わたしは、こうした山行きは、はじめてのことであったし、連れて行ってくれる人に、なにもかもまかせっぱなしにしようと思っていたが、それでも気もちがそわそわして落ちつかず、ただおろおろするばかりであった。前もって連絡してあったのか、その日の弁当は、その店で、支度ができていて、めいめいにくばられた。

南股と北股の出合のそばに、いかめしい国立公園の碑が建っていた。南股に架かる橋を渡ってしばらくすると、道はゆるい登りになり、道ばたに山の事務所らしい建物があったが、人の気配はしなかった。道の両側は、伐採のあとらしく、大木の切株が一面に残っていた。ゆるい登りだから楽な道だが、夜汽車での睡眠不足のせいもあって、わたしは、もう足がおもく、人々の一番うしろになってしまって、おいつくのがつらかった。

元気そうな体格の娘さんが、腹がいたいといいだした。リーダー格の年配の男が、薬を出してのました。そして、小さくて軽々しいリュックも受けとって、自分のでっかくて重々しいリュックの上にくくりつけた。そこで、娘さんは、晴々とした顔になった。そんな、ささいな事故で、みんなは休んだので、いちばん助かったのは、少しまいっていたわたしであったかもしれん。

伐採のあとをすぎると、深い森林になった。道も急な登り道になった。右下の北股の流れは見えぬが、水音がきこえるような気がした。わたしだけが、疲れているとも思えぬ。道が急な登り道になったとたん、一同の足はのろくなった。わたしは、一段と足が進まなくなって、いちばんうしろになって、やっとついて登った。

小さな沢があって、清水が流れていた。大木が繁っていて、陽の目もささない。みんなは、言い合わしたように立ちどまって、前後の顔を見た。そして、腰をおろして休んだ。リュックから甘いものがとり出された。誰のとり出したものもほとんどが飴玉であった。もっといいものがリュックにはしまいこんであるが、それは、これからさきの出しものにというわけである。戦後まもない頃なので、東京の街の店頭には飴玉ばかりが並べられていたころで、飴玉が手っ取り早く買えたのであった。

わたしは、ほとんどの人と顔なじみでないものだから、口もあまりきかなかった。みなは、とり出した甘いものを、取りかえっこをしながら、楽しそうだった。

森林のなかの急な坂道がずっとつづいて、やっと、猿倉《さるくら》に着いた。たくさんの登山者が休んでいた。せまい休場でうどんを食ったり、茶をのんだりしていた。わたしは、うどんを注文した。

休場の周囲は大木が繁っていた。とても涼しくて、汗が冷えて肌がふるえるほどであった。見ごとな大木を見ても、それがなんの木だかわからなかった。松や杉や檜なら一と目でわたしにでもわかるのに、高山性の植物となると、どこか似たような感じでややっこしい。植物辞典をいくど見ても、とてもおぼえておられない。わたしはもどかしい気持で、できてきたうどんを食った。

大木の深林がずっとつづいて、その深林をぬけ出して、目の前が明るくなった。そこは、白馬尻《はくばじり》小屋で、登る人がいっぱいうようよしていた。わたしたちは、小屋のなかへはいって休んだ。

登る道々話友達になっていた男が、ビールを飲んだ。わたしにも、コップを差し出してくれた。M女史が、これからの大雪渓の登りに、アルコールをやるといけないときつく注意した。その男もわたしも、首をちぢめて恐縮した。それまで気づかなかったが、皆は、弁当を開いて食っていた。わたしは、アルコールの方に気をとられていて、昼飯もそこそこに白馬尻小屋を出発するみんなについて小屋を出た。

樹木がなくなって、角ばった大小の石がごろごろしていた。その石の上を飛び飛びに進むと、眼前がぱっと開けて白馬大雪渓のすそに出た。見上げると、白一色の大雪渓が帯のように、どこまでも上へと延びていた。

夏山の残雪は見たことがあっても、白馬の大雪渓を、自分の足でふみしめるのは、その時がはじめてで、その感激は、足がふるえ胸がときめいた。大雪渓の上に皆がたつと、皆は、いい合したように、鉄のカンジキを足につけた。みると、ほとんど

の人のカンジキが四本爪のもので、もちろんわたしのカンジキも四本爪の新品だった。どんなつけかたをするのかもわからなかったが、リーダー格の人々がそれぞれにカンジキのつけかたをおしえてくれた。わたしも、どうにか自分の足にくくりつけて、かたい雪の上に立ってみると、あまり具合のいいものではなかった。

雪渓はくたびれる

四本爪のカンジキを生れてはじめてつけて、わたしは立ちあがった。シャンと立とうとするが、じゃまな物が、靴の裏にくっついたものだから、シャンと身がまえることができなかった。はじめてカンジキをつけた人がほかにもあって、おたがいが気はずかしいような照れくさそうな顔をして、足もとを見あった。波の形に凍った雪の面は、うすよごれていて、見あげると、高く遠く青空に、その雪渓の終りが消えていた。黒胡麻のつぶをばらまいたように登山者が、雪渓の上をのろのろと動いていた。そのなかをグリセードで、飛ぶように降だってくる若い男があった。山小屋へ物を運んで、かえる人だということだった。

どういうものだか足首がすなおに動かない。わたしは、かなり参った。ほかの人はのそりのそりと登っているのだが、それでも、一番わたしがしんがりになって、ついに先頭をきって登る元気のいい若い人々とは、かなりの開きができた。先頭をきって登る人々が、ふりかえっては声をかけてくれるのだが、足元がいうことをきかなかった。わたしのつかれたのは、ひとつには、夜汽車での睡眠不足のせいもあったのだがあるいは年齢のせいであったかもしれん。

気持の上では、まだまだ若い人たちに負けてたまるかいと、一心に思った。先頭をきって登る人からは、ふりかえっては見おろされるそのくやしさに、一計を案じてわたしは、リュックの中から小形のスケッチブックと鉛筆を取り出した。すっかりみんなからおくれたわたしは、スケッチブックと鉛筆を持って、登って行く人々に背を向け、一点をにらんで身がまえるかっこうをしては、さもスケッチをしているような身ぶりをして、登って行く人々の目をごまかした。そして、一時しのぎに、しびれるようにくたびれた足をやすめた。

ながいだらだら登りの白馬大雪渓を登る人々は、大なり小なりみんな、参っているようだった。

あえぎあえぎ登って行くと、雪渓の上に頭を出した岩に腰をおろして、まっさおな顔をしている人がいた。近づいて顔をのぞきこんでみると、その人は、白馬尻の小屋で、ビールをごちそうしてくれた元気のいい青年だった。リーダー格の山の猛者M女史が、二人でビールを飲んでいるのをたしなめたが、ビールの結果がかくも見ごとに的中しようとは思わなかった。わたしの参ったのも、年のせいばかりではなさそうだ。ビールのせいだろう。そう思うと、わたしは、とたんに少し勇気が出て、上へ向って大声でどなった。元気のいい青年がリュックをはずすと、さっさっと、身軽くかけおりてきた。まっ青な顔の青年のリュックを取りあげて、まっ青な顔の青年をはげました。上の方で、晴雨兼用のうすよごれた白の洋傘をさしているM女史が、なにかひがら声を張りあげて、わたしたちの方へ向かってさけんでいるが、なんと言っているのやらききとれなかった。

ながいながい白馬大雪渓をやっとこさと登りつめると、大きな岩にぶつかった。その岩の根かたに、雪解水が流れ出ていた。やれやれと、わたしは、リュックをはずしてほっとした。誰でも、ひと休みするものとみえ、あたりは地面がふみかためられていてぞうりだのわらじだの杖などが、散らかっていた。

しんがりをつとめたのはわたしだろうと思っていたら、まだ後から何人もの登山者が、あえぎながらわたしの身軽な休み姿を、うらやましそうな顔をして登っていた。

夫婦だろうか、若い女が紐を男の腰に結びつけて、引っぱり上げるようにして登ってきた。二人ともわらじばきであったが、身支度はしっかりしていた。若い女は元気がよくて、男をはげましはげまし登ってきた。

ネブカ平というのは、広々としたところで、色とりどりの高山植物が、咲き乱れているお花畑だとばかり思っていたら、とんでもない急な斜面で、ふみあらされた

細い道が、どこまでも電光形に登っていて、わたしは、これには参った。白や黄色の高山植物が一面に咲いていて、そのなかにまざって、黒ゆりと、ウルップ草の花が、とくに目だった。
　やっと平地に登りついたと思ったら、小雪渓が、向うに壁のようにたちふさがっていた。雪渓のなかをふみあとが、右へ向って登っていて、幾人もの登山者が登っていた。小雪渓の登り口へついたとき、そのときだった。雪渓の上を一人の登山者が、横たおしのかっこうで転び落ち

た。下まで落ちたとたんに、その登山者は立ち上ってピッケルをとんと地面についた。どこも怪我はしなかったようだった。

小雪渓は、急な斜面を横ななめに登るのだから、一寸《ちょっと》足をくねらしでもすれば、ひっくりかえって、転び落ちるのは当り前で、仲間の人々からはずれたわたしは、たった一人でよちよちと大事をとって登った。小雪渓を登り終ると、平地で、小さなバラック建ての休小屋があった。ずっと先に登った仲間の人たちと、小屋で一緒になった。大雪渓の岩に腰をおろしてまっ青な顔をしていた青年は、すっかり元気を取りもどしわたしの顔をみて、にこにこしてわたしをむかえてくれた。小屋には、甘酒の熱いのを売っていた。小屋の腰かけにねてまっ青な顔の青年がいた。連れらしい娘が関西弁で親切な言葉をかけていた。雪渓登りでは、どうも男の方に落伍者が多いようであった。その青年はついに元気のいい連れらしい男の背におんぶされて登って行った。

平地の道は広くて、あたりには、いっぱい高山植物が咲いていた。りょう線に太陽は沈んで、あたりはもう暗かった。つかれきったわたしは、完全に一人であった。

わたしのあとを登ってくる登山者はもう一人もいなかった。わたしは、十歩進んでは、草の中にあお向けに転び、五歩進んでは、立ちどまって休んだ。しかも、見上げる目の前に、白馬の村営小屋という小屋の灯が、ちらつくようにみえるのだ。ふらつくように歩いていて、はっと気のついたことには、靴からはずして、手にぶらさげていた四本爪のアイゼンが手にないことだった。草の中へひっくり返って休んだとき、落したものらしいが、それをさがしに引き返すほどの元気は、みじんもわたしの身体にも意志にもなく、ただなくしたのがおしいという気持だけだった。意気地のないことだが、雪渓登りは、わたしには、大変なくたびれであった。

そのとき夕やみの中の上の小屋から呼ぶ声がかすかにきこえた。いつまでも登ってこないわたしを心配して仲間の者がよんでくれているのであった。

清水平の山男

いまはどうよばれているか、当時は村営小屋といっていた。わたしは、その日の登山者のしんがりで、しかもかなりおくれて小屋についたので、もうすでに山支度をといて、くつろいでいた同行の人々は、わたしの姿を見て、あきれたような、ほっとしたような顔をしていた。

晩飯のすんだ者、これから食おうとする者、小屋の土間は、かなり混雑していた。山ずれをした若い登山者は、くったくなくうす暗いランプの下で、小屋に働く人々と声高に話しあっている。小屋のおやじと顔なじみなんだぞと、ほこらしげなふるまいは、なんとなく気ざっぽくていやだった。小屋泊りに、なれておらぬわたしは、そのたくましいばかりの山男の群にまざって、片すみのテーブルに小さくなって、味気ない晩飯を食った。

昨日大雪渓でもたついた人々も、またわたしも朝になるとすっかり元気になった。自分たちがたっている白馬岳が、まるで大海のなかの小島のように、あたり一面朝靄につつまれていた。

小屋の裏の一段高いところにある、夏場だけの郵便局の前の平べったい雪渓のへりの草地を、一列になって登った。ふみ跡は、白馬岳の頂上へ、鑓ガ岳方面へ、十字路になっていた。上の方に、石にかこまれた頂上の小屋が、荒涼とした景色のなかに、ぽつんと眺められた。

娘さんや、若い男たちの何人かが、鑓ガ岳、唐松岳へ登るのだといって、十字路で別れた。しばらく進んでから声がした。ふりかえったわたしたちへ、いま別れたばかりの若い娘さんや若者が、さっと手をあげて、別れの合図をした。荒れた尾根筋にまがりくねった縦走路が一線はっきりと、靄のなかへ消えていた。靄を突きやぶって、杓子岳《しゃくしだけ》が見えた。槍ガ岳が見えた。

白馬岳の頂上へ登りたかったが、縦走行程のなかに予定されていないものだから、他の人たちは、頂上の方角をふり向きもせず十字路を、その日の泊り場、祖母谷《ばばだに》温泉目ざして、足早に進んだ。

とげとげしい小石の道、ハイマツ帯を進んだ。ハイマツのないところは、コケモモの類の小灌木で、キバナシャクナゲ、イワギキョウだか、チシマギキョウだかが咲いていた。いまもって、わたしは、チシマギキョウとイワギキョウの区別が、はっきりせぬ。手にとって、そのときもおそわったのに、いまはもうどちらであったか忘れている。

荒々しい小石のなかに、粉っぽい緑の葉をすりつけるようにして、コマクサの小さな株が、花をつけてあちこちにあった。以前草津の白根山に、オクマンソウといってコマクサがたくさんあるときかされて、天幕をかついで歩きまわったが、一株も見つからなかったことがあったが、あるところには、こんなにもあるかとびっくりした。しかし、わたしは、コマクサの珍花ぶったものより、そのイワギキョウだか、チシマギキョウだかわからなかったが、大ぶりな花の何々キキョウの方が、はるかにすきな花であった。

ハイマツのなかから、突然ライチョウが飛び出した。一羽、二羽と続いて飛び出した。高山植物にしてもライチョウにしても、わたしにとっては、はじめて見るもの。わたしは、すっかりその方に気をとられてしまった。そんなものに見とれているうちに、ほかの人々はもうずっと先へ進んでしまい、わたしは一人ぽつんと立っていた。

白馬の大雪渓の上の方で高山植物のとりどりの花が咲き乱れているお花畑より、荒涼として大地の果てのような自分が立ちつくしたあたりの景色が、はるかにすきであった。

いくぶん降り気味で、残雪のなかをすぎると、旭岳の山腹にとりついた。ほかの人々は、すでにはるか向こうを歩いていた。旭岳の山腹を通りすぎ、次の高みの山腹にとりつこうとする斜面にも残雪がへばりついていた。その残雪を渡って進むと、一面のハイマツ帯にぶつかった。ふみ跡は上の方と、ハイマツ帯のなかの、その両方へとついていた。ほかの人々は、一列になってハイマツ帯のはるか向こうの尾根を、進んでいた。ハイマツ帯のなかをくぐるのが近道だろうと、わたしは、ハイマ

ツ帯のなかへはいって行った。

ハイマツ帯のなかを進んで行くと、ふみ跡が目茶苦茶になっていて、ついに行き止りだとわかった。わたしは、もとのふみ跡へ引きかえして、上へ上へと登った。ふみ跡が平坦な小径になったところに、白馬尻の小屋でビールを飲ましてくれた男がつったって、わたしのくるのを待っている風だった。その男も、ハイマツ帯のなかのふみ跡を近道だと思って、はいって苦労したのだと苦笑した。

ゆるい登り降りの尾根の小径は、のんびりとしたものだった。前の日は、雪渓登りにさんざんな苦労をして、まだ身体の調子、ことに足全体がいたむほどだが、尾根の平坦な小径を歩くので、やれやれとわたしは一人よろこんだ。

清水岳《しょうずだけ》の東南の側には、べっとりと残雪がくっついていた。あたりは草原で、そのなかを雪解水が、溝になって流れていた。草原のなかへ不自然に、国立公園の標識が武骨に建てられていた。みんなは、弁当の紙包を開いて、草原に坐って昼飯を食っていた。皆の者が、草原に止まったものだから、やっとわたしは、皆の者に追いついたのだ。わたしが弁当をゆっくりと食うひまもないほど、ほかの人々は、弁当を食いおわって出発の支度で、わたしは休むひまもなかった。清水岳の東南面の草原は、清水平というのだそうである。その清水平の小径を、ほんの少し高みに登ると、いよいよ祖母谷へ降る径である。その乗越《のっこし》へかかろうとするところで、一人の登山者が、自分の身体ほども大きいリュックを背おい、腰には、ノコギリ、ナタ、ロープの七ツ道具をぶらさげ、のっそりのっそりと、祖母谷側から現れた。これこそ山男というものかと、そっと顔をぬすみ見ると、もういく日歩いているものか、髪はのびほうだい、顔は汗とほこりで目ばかり光っていた。いよいよ降りにかかると、これはまた驚くばかりの急な斜面が、黒部の谷に落ちこんでいて、小径があぶなげに降っていた。さきの山男をリーダーとするのか、急な坂の小径を、フウフウ息をきらして思いリュックをかつぎあげる、若い山男が三人つづいて登ってきた。三人とも汗だくだくであった。

黒部の谷は、一面の黒い深林で、そのぼう大な山容にわたしはきもを冷した。剱岳《つるぎだけ》、立山がまむかいに眺められた。いやな急な降りだが、ほかの人は、年は若く、元気がいいので飛ぶように降って行く。太もものいたみは、降りにはさらに輪をかけていたむ。わたしは、まむかいの雄大な剱岳や立山の景観など、見とどけるひまもなく、泣きっ面のかっこうで、あとを追うのに一生けんめいだった。

祖母谷温泉

清水岳と不帰岳《かえらずだけ》のあいだは、まったくひどい降りで、その途中ほんの少しの平地があると、きまって雪解水のたまりがあった。そのなかの一つに、水中ミノムシが棲息しているとおそわって、みんなが降るのをとめて、その小さな水たまりをのぞきこんだ。誰もが元気よく飛ぶようにくだるので、少々わたしはへこたれていたので、これさいわい一服できると、人の後から水たまりをのぞきこんだ。なるほどミノムシのかっこうをしたちいさな虫が、水たまりのなかを泳ぎまわっていた。人におくれないように、かけ降るその運動に、すっかり消化をよくしたものか、休んでいる最中に、どうもきじうちの姿勢をしなくちゃいけなくなった。あたりは痩せ尾根で、身体をすっぽりかくすほどの立木がない。わたしは恥かしい思いをして、みんなに背を向けて、灌木のなかにしゃがみこまねばいけなかった。祖母谷のあちこちに残雪が光って、澄みきった青空が高く高く感じられた。

不帰岳のあたりから、やっと道も楽になった。避難小屋の跡は、生木や枯木の枝が散らかっていて、前の晩あたり野宿したのだなと思わせるものがあった。

当時建てられていた指導標に書きこまれた距離の数字は、どうもでたらめのようで次の指導標までかなり歩いていると思えるのに、書かれた数字には、いくらの距離もない。みなぶうぶういっていると、やっと百貫山《ひゃっかんやま》の近くを降った。あたりはうっそうと巨木が繁っていた。祖母谷温泉はもう一息だと、みな勇んだ。しかし、わたしはふらふらにつかれ、自分で自分の足をもつらかしながらみなについて降った。

降る真下に祖母谷温泉の湯気が、もうもうと立ちこめているのが見えた。木の根にすがり岩角に足をかけてくだる難儀な場所があった。丁度そこへ、下から学生の登山者が三人、大きなリュックをかついで登ってきた。降るのも難儀なことだが、登る人も難儀なことだ。見ると水をあびたように、身体は汗でぐっしょりになっていた。

祖母谷へもう一と息というところ、ゆるやかな道を降っているときだった。先頭を歩く案内人が、さっと立ちどまって、道下の草地へ飛び降りた。なにごとだろうと見すえると、案内人のすぐ後を歩いていた女の子が、立ち木に引っかかって、さかさになっている。いつのまにおっこちたか、うかつにも後の方を歩いていたわたしにはわからないできごとだった。道に引き上げられたのを見ると、かすり傷一つせぬ運のいいできごとだった。原因は新しい登山靴のせいとわかって、世話役のM女史が、自分のリュックから地下足袋を取り出して、新しい登山靴と取りかえさせた。

百貫山でいままでの尾根筋を祖母谷に降った。降りつけば、そこらあたりに温泉があるものと早がてんしていたところ、谷べりへ降りついてからも、かなりの道を歩かねばいけなかった。道は身丈の長い熊笹が、切りしいてあって、つかれた足先にそれが引っかかって歩きづらかった。引っかからないようにと、足を引き上げて歩くことができぬほど、くたびれて足元から太股がいたんだ。わたしは、もうしかたなくよたよたと、一番しんがりを歩いて、すっかり皆の者からおくれてしまった。

二三人の少年が、わたしたちの方へ向かって歩いてきた。白馬へ登った先生二人が、今日帰るはずだが、夕方になっても帰ってこないので、心配になってむかえにきたのだそうである。わたしたちが、避難小屋の近くで男女の疲れた姿の二人を追いこしたが、どうもその二人らしい。疲れきった女の人を、男はいたわりながら歩いていた。

対岸に湯気が立ちのぼり、河原に人がおおぜいいた。小屋の前にも大きな天幕を張って、おおぜい人がいた。やっと祖母谷温泉についた。向うへ渡るつり橋は、橋の中ほどの横木がなくなっていて渡れない。わたしたちは、熊笹にすがって河原にすべり降りた。流れの中ほどの岩を橋台にして、板橋がかかっていた。その板橋の中ほどを歩くと自分のおもみで板橋は、ぴたぴたと流れの水面についた。そのしなう動きが、太股にこたえていたかった。

河原から一段高いところにある小屋へコンクリートの段々が登っていて、その段々を登るのに、太股がいたくて、まともに登ることができない。横向きになったり、手で太股をささえたり、ほんの少しの段々だが、苦心さんたんして、やっとわたしは段々を登った。

小屋の前の天幕は、小屋の裏に増築中の工事に登ってきている人々のもののようであった。小屋はほとんど満員の有さまで、ごったがえしていた。

湯場は、段々を下りて河原にあった。中心を板で区切って男女の区別がしてあったが首をひねって、板の区切りへ顔を出せば、丸見えの野天風呂で、まじめに見ていれば、雪解水が白い泡となって流れているその激流と、対岸の繁った山を眺めるのみだけれど、まったく風流な野天風呂につかって、みんなは、よろこんだ。

深い谷あいは、もうすぐ暗くなっていた。対岸の道を、二三人の少年に前後されて男女二人が、のそりのそりと歩いている。昼間わたしたちが追いこした男女であった。そして少年たちの先生であったことも、これでわかった。昼間は、女の方がひどくつかれていたようであったが、様子を見ると、男の方が、ひどく参っているようであった。岸から河原へ下りるときも、女が男の手をとって、助け降していた。板橋も、女はすたすたと渡ったのに、男の方は、板橋に足をかけようともせず女の方を一心に見つめて、助けをもとめるかっこうをしていた。

大ぜいの人と背をすり合すようにして、わたしたちはやっと晩飯にありついた。あまりの混雑さで食器を持つのがやっと、食い物の味などわかったものではなかった。つかれていた男女の二人も、元気を取りもどして、その混雑のなかで、少年らと一緒に食事しているのが、人混みのなかで、特に目立った。

とてもはいりきれないということになって、わたし達の一行は、小屋の裏の、屋根だけあるが、まわりの壁もない増築中の小屋に泊ることになった。せまいものだから頭と足を交互にして二列に並んで毛布を引っかぶってねた。

わたしたちは、ねる前に、祖母谷から、一行と別れて、宇奈月《うなづき》へ出て帰るものと、予定通りに剱岳から薬師岳、槍ガ岳へと、縦走をつづけるものとの、お別れの宴を張るかっこうになったわけである。女の子は全部帰るし、男の方でも何人か帰るという。これは、はじめからその予定で歩いていたのであるが、わたしが、それを少しも知らなかったのであった。

黒部のトンネル

黒部渓谷の断崖にかかる桟道から、まっさかさまに激流に落ちて遭難した登山者の記事を、昔新聞で読んでぞっとしたことがあるが、祖母谷温泉から黒部本流に出るまでの道も、なかなかひどかった。横ばりのしたリュックは、岩にゴツゴツ突きあたってきもをひやした。そのつど激流をのぞきこんだ。桟道の直下はるかに、白い泡をふいて流れている水はすさまじかった。

一行のうち娘さんら全部と、男の人の幾人かは、祖母谷温泉から宇奈月へ出てかえるというので、その人たちは祖母谷温泉で、まだ腰をおちつけてゆっくりしているのだった。白馬尻小屋で、わたしにビールをご馳走してくれた青年と、その後々親しくしたものだから、わたしは、ついあまえ心を出して、祖母谷温泉までずっとかついできた絵の具箱の重いのを、その青年に東京まで持ってかえってもらうことにしたのでわたしのリュックは、いく分軽くなっていた。

昨日までは、幾人もいた若い娘さんたちで、一行はなんとなくなまめかしいものを感じて歩いていたようであったが、今日からの一行には、M女史一人で、そのM女史の男もおよばぬ堂々たる体軀からは、あまりなまめかしいものは発散されず、一行の顔色はやや色あせ気味だった。

昨夜の祖母谷温泉の泊りは、下山組とのお別れの会ともなって、なかには大事にかつぎ歩いてきたウイスキーをくみかわしている人もあり、娘さん達は、甘いものを分け合って楽しそうだった。M女史は、その両方のもてなしをうけていて、アルコール分のききめでか赤い顔をしていた。

温泉の小屋は、登山者と新しく建つ小屋に働く人々で満員だったものだから、わたしたちの一行は、まだでき上っていない新しい小屋に泊められたが、完全な部屋になっていないので、ひと部屋を板でかこい、そのせまいひと部屋に二十何人ものの人たちが、重なりあうようにして寝た。とてもきゅうくつで、眠れたものではなかった。ねながらにして夜空の星のかがやきが、沼のなかを見るようにながめられた。まったくひどい雑魚寝でも、昼間の降りのつかれがひどかったものだから、熟睡している人もあるようだった。寝言をいって、ねぼけている人もあった。

「夕べあんたは、わしの足をけとばして眠れなかった」からかい半分にM女史にいうと、M女史はむきになって

「それほんとう……」

とにらみつけるかっこうをした。顔があかくなったようである。はるか下の激流を見おろして、わたしは、つまらぬことをいい出したものだと後悔した。

へずるように歩く桟道の悪路も上り下りがないものだから道ははかどった。黒部本流と祖母谷の流れが、合流するところの本流に架かる吊橋は、水面からかなり高いところに架かっていて、長さも長かった。そのながい吊橋は、丸太の横木が一尺ほどの間隔でおいてあり、その上に一尺たらずの板がのせてある。その板の上を歩くのであるが、総てこのやりかたは、冬期の雪の重みを少しでも軽くするためだということをM女史がくどくどと説明していた。

吊橋は、重量をかけないように、一行の人たちが次々と連なって渡ってはいけないと、一人が吊橋の中ほどまで進んだら、後の人が吊橋の上に足をかけるという具合に、いとも慎重にやらねばいけなかった。

長い吊橋だから、中央部が垂れさがっている。両側の針金の太いのをにぎって身体をささえ、ゆさりゆさりとゆれて歩くのだが、足元から目もくらむほど、深い本流の流れが見える。足元が、かすかにふるえる気持、吊橋わたりは、あまりいい気持のしないものだった。

吊橋を渡りおわって軌道の上を上流に歩くと、すぐに欅平《けやきだいら》につく。行く手にポッカリとトンネルの入口が開いている。両岸は切りたったように、けわしい断崖だ。そのせまい渓谷を冷たい風が吹きぬけて、寝不足でもたつく頭が、しゃんとなるような気持だった。

宇奈月方面から上ってくる軌道車は、途中の路面が故障で、欅平まで上ってこないことが、崖下にある発電所の人の知らせでわかった。一時間以上も待たされた不平をいいながら、一行は、ちりぢりになって、トンネルの中へはいった。トンネルの中は、まっ暗であった。散々に歩いているものだから、一つや二つの懐中電灯で

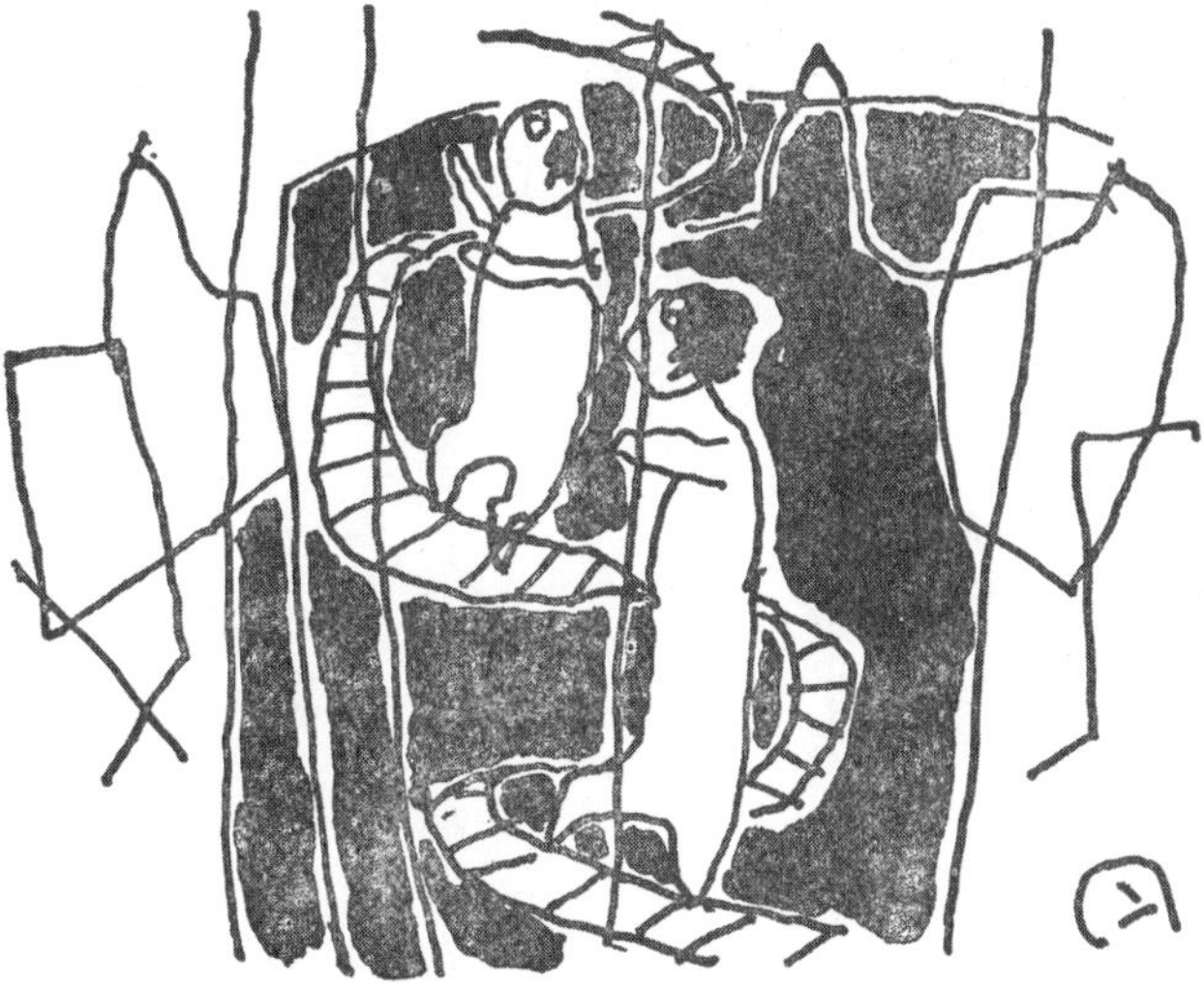

はまにあわない。足さぐりで進んだ。冷たいしずくで、はっと、肝をひやすことがあった。

行きついたところは、広々とした洞窟で、八方にトンネル口があり、中央にエレベーターがあった。その洞窟からラセン状の鉄梯子を登ると、地上へも出られるようになっていた。もちろんエレベーターでも地上に出られるが、わたしたちは、エレベーターのそばにリュックをおいて、鉄梯子で地上へ出て見た。鉄梯子のラセン状の中心は、一寸《ちょっと》わたしたちには想像のつかぬ大きな機械がすえつけてあった。中心部がエレベーターの部分であったかもしれんが、うす暗い電灯の洞窟のなかでは、判断もつきかねた。

地上へ出たところが、洞窟内の電気関係に勤務する人の住宅で、その住宅は、断崖の側面を横穴式にくりぬいてコンクリートでかためたもので、断崖そのものが崩れぬかぎり雪崩には絶対安全という構造だった。勤務する人は三カ月で交代して、里へ下るとかきいた。

当時だから電気洗濯機はなかったが、総て電化された生活ができ便所も水洗式になっていて、当時の都会の不自由な生活と思いくらべて、まったくおどろいたものである。

なかなか動かさぬという軌道車も、一人いくらずつかの金を出して、やっと動くことになった。軌道車は、ここでいったん一台ずつエレベーターで、丸ビルの高さの二倍もあろうかという高さに上げて、再び進むのであるが、わたしたちをのせてくれる軌道車は、すでに上の軌道に上っているのにのるのだとわかって、一行の者とほかの多くの登山者たちはあわてた。

軌道車をのせるエレベーターでなく、そのそばの小形のエレベーターで運び上げられた。考えて見ると、よくもこの山中に一大機械に埋まった洞窟をくりぬいたものだ。その資本力によって、労働者が日夜悲惨な姿をさらした。その労働者の犠牲によってこの機械の殿堂は完成したのだと思うと、わたしは、その規模の壮大さにだけ感心したり驚いたりしていてはいけないのだと思った。

軌道車は電灯もついてなく、まっすぐ立てば頭が天井につかえるという小さいものので、座席にじっとすわったまま動くこともできぬ、きゅうくつなものであった。

池の平小屋へ

阿曾原《あぞはら》には、ダムを工事したころの建物の一部であろうか、急な斜面にぽつんと一軒、建物が建っていた。その近くにはコンクリートの建物の残骸が散らばっていた。ダム工事のころ働く人々のコンクリート建の飯場《はんば》が、すごい雪崩で、一瞬のうちに谷底へぶちこまれたということだ。コンクリートのいたましい残骸の近くに、ぽつんと一軒残っている建物は、そのとき雪崩から助かった一部で、山小屋に利用されているものであった。

切りたった両岸の断崖が、するどくせまり合って、その底のせまい岩床の激流の白い泡が、木の枝をすかして見下ろせた。そこから湯気が立ちのぼっていた。かすかに人の声もきこえてきた。温泉が湧いて岩のくぼみが自然の浴そうになっているのだそうだ。

阿曾原の小屋の裏手の登り道は急で電光形で、つらい登りだった。先年の雪崩のあとだけが、樹の育ちも悪く、他の部分とはっきり区別してそれとわかった。だんだんと高度が増すのだけれど、黒部の谷の深さはいっこうに変らず、谷底を歩いているように、切りたった断崖は、うしろにいつもそびえていた。

登りつめて、道は平坦な稜線に出た。明るくてじりじりと太陽が照りつける道を歩いて行くと、深林の谷底から激流の音がきこえてきた。わたしたちは、仙人谷《せんにんだに》の側へ出ていたのだった。

いままでは、上へ上へと登っていたので、登りつめてからの道は、仙人谷の雪渓へ進むので、標高差がなくなり、坦々とした草付の道で、楽なものであった。

仙人谷の雪渓は、とぎれとぎれになっていた。右手の断崖の上から、さらさらと

滝が落ちていた。少ない水は、滝の途中で霧になって散り、光を受けてきれいだった。わたしたちは滝の少し上の雪滝へ腰をおろして、昼飯を食った。

道が雪渓をはなれて、右側の草付の中を登るところに、ベニバナイチゴがたくさん実っていた。先きを行く人々におくれるのもかまわずわたしは、その実をつまんでは食った。甘かった。その近くで、山ぐわをもって、道けずりをしている人がいた。登山する人のための道の修理かと思った。

草付の中の急な道を登りつめて、道が平坦になったところに、石室があった。入口はせまいが中は二坪ほどの広さで、周囲は、大小の石が積みかさなって、自然の石壁になって、その上に一枚岩の大岩が重なって、自然の屋根になっていた。まるで、人間が作ったようにうまくできた自然の石室だった。中は暗くてかびくさく、紙くずやたき火の燃え残りの木ぎれが散らかっていた。登山者が利用するらしいと思われた。

向こう側に湯煙がもうもうと上っていた。仙人の湯だそうで、といっても、利用できる湯ではないとM女史が説明した。

石室のあるあたりから仙人の湯の近くまでの道は、登り下りがなく仙人谷の右側

の草付の坦々とした道で、ふりかえれば、山ひだに残雪をつけた五竜、鹿島槍がよく見えて、道草を食うものだから、道ははかどらなかった。
　仙人の湯を見おろすところで、谷は二つになっていた。わたしたちの登る谷は、右の方で、その谷は幅のせまい谷で、雪渓になっていた。その雪渓を二人の男が、トタン板に俵につめたものをくくりつけて、飛ぶように滑りおりてきた。あとでわかったのであるが、それは仙人山で採掘したモリブデンを運び下しているので、登る途

中で見た道の修理も、登山者のためにというよりは、鉱物を運ぶ人々のための修理であるとわかった。

仙人峠へ向かって登る一直線の幅のせまい雪渓を、踏跡はこきざみの電光形に登っていた。モリブデンを運び下す人々は、その電光形を通らず一直線に下っていた。そのあとがきたなく荒れていた。

幅のせまい雪渓ぎわの雪どけのあとは、枯草が折れしかれたままで、まだ草の芽もほとんど出ていないのに、たぶんキヌガサソウだろうと思えるのが、たくましくあちこちに芽をふいていた。雪のうすい部分を、突き破るようにして芽をのぞかせようとしているそのたくましさに、わたしはすっかりびっくりした。

灌木の中にシラネアオイのひと株が吹いていた。トガクシショウマの群落があった。トガクシショウマを見たのは、わたしは、はじめてであった。一行をやりすごして、はじめて見るトガクシショウマの群落へ近づいてしげしげと見た。

こんなとき一行の誰もが、何んの関心もしめさず、すたすたとただ登りつづける以外にないという態度であることが、わたしにはもの淋しかった。もの淋しいというよりむしろ腹立たしいくらいだった。わたしは、一行からずっとおくれて幅のせまい雪渓を登りつめた。雪渓が終って草付の平地へ出た。そこは、小灌木のツガザクラをしきつめた気持のよい平地で、冷たい風が、前方から吹きつけていた。汗をふきふき背のびすると、前方に黒々と岩山が広がっているのが目のなかに飛びこむように眺められた。それは一瞬息の根も止まるような思いをする眺めでもあった。裏剱《うらつるぎ》とでもいうのであろうか、ここから見る剱が一番いいということだ。

一行は思い思いに散らばってひと息入れた。

仙人池の近くには、二張りほどの天幕も見えた。ひょいと灌木のなかから、カンバスと絵の具を持った人があらわれた。「池《いけ》の平《たいら》小屋はもうすぐです」とわたしたちの問いに答えながら、いまきた方角をふり向いて指さしをしたと思うと、その人は、夕方の陽ざしを背に受けて、すたすたと仙人池の方へ歩いて行ってしまった。

わたしたちの一と息入れたところが仙人峠であった。わたしたちが、腰を上げて、灌木のなかの道をくぐると、仙人山の山腹を池の平小屋へ向って少しずつ降った。左を見ると剱の岩肌が、ぞくぞくとせまってくる。冷たい風は、谷底から吹きあげてきて、仙人谷で汗でぐっしょりとなった肌着が、いやに冷たくて気持のわるい思いをした。ほんの一寸《ちょっと》した残雪をよぎった。ブリキの小さい管が、その残雪のある地点からわたしたちの歩く道に添ってつけてあった。池の平小屋へ通じている水道管のようであった。

向うにいくつもの小屋の棟が見え、その前で数人の人々が動いていた。誰もが元気づいた。

小屋は馬の背のような地勢を利用して建っていた。採鉱関係の人々も、仕事を終って、小屋へかえってきているところだった。娘さんも六、七人いて、若い男と、楽しそうに語り合っていた。娘さんが、なんとなく美人に見えた。

剱沢を登る

池の平小屋の台所は大変なものだった。賄《まかな》いの女の人が三人もいて、それぞれきりきり舞いをしていた。それは、登山者たちのためではなく、採鉱夫たちへのためであった。飯でも汁でもどっさりと作るものだから、これまで泊まった山小屋の食事よりずっとうまい。飯も汁も食堂のテーブルの上にでんとおいてあり、すきなだけ勝手に食うことになっているらしかった。久しぶりにわたしは、うまい夕飯を腹いっぱい食うことができた。

採鉱夫たちは、別棟に泊りこんでいるのかわたしたちの泊りこんだ小屋は、登山者ばかりであった。かわった人がぽつねんと二人いろりばたに坐っていた。一人は仙人峠で逢った絵かきさんで、もう一人の中年の男も絵かきで、自分の描きかけの二百号大のカンバスを壁にぶらさげていた。それは、剱岳を描いたもので、もうほとんど描き上げているようであった。

二百号大のカンバスを、山上で仕上げようとするその絵かきさんの真けんな態度にわたしはすっかり感心した。しかし現在のわたしだったら、そうかんたんには感心しなかったろうに。

いろりにかかったやかんの湯がたぎってきた。M女史が、ごそごそとなにかとり出したのを見ると、お茶の道具だった。甘いものを二三人の人が、ずらりと並べた。茶わんは、さきほど夕食を食った食堂から持ちこまれた。二千メートルの山上の小屋で、M女史のおてまえを拝見しようとは思いもよらぬできごとで、わたしは、すっかりめんくらった。

小屋は満員の状態で、夜具が皆にゆき渡らぬ。交渉したら小屋の人が、毛布をかかえてきた。その人を見ると、どてらの着流しで、太巻きに帯をしめ、その帯から太い時計のくさりがだらりとさがっている。どう見ても山小屋のおやじという風態ではない。どうも採鉱夫の監督かたがた登山者の世話もするというおやじのようであった。

採鉱夫たちは、朝は早いらしい。わたしたちが起きそろったころには、一人の姿も小屋の近くには見えなかった。

雪渓から取り入れた水は、勢いよく管から流れ出ていた。手のちぎれるような冷たい水だ。次々に顔を洗った。小屋の裏手の黒部谷には、べっとりと残雪がへばりついていた。小屋の前の平地へ天幕を張って野宿したという二人の青年が、朝の寒さにふるえながら薪をさがしていた。

うまい朝飯をすまして、一同勢ぞろいをして出発だ。小屋の前を一歩出たとたんにもう二股の出合へ降る急な道だった。池の平小屋は、食いものもよかったし、ぐっすりとねむれもしたので、気も晴々と足元も軽かった。

灌木のなかを、後からつつかれるようにして、雪渓へおり立った。小窓の雪渓の下の方で、剱岳の側は岩壁だ。反対側は草付の断崖だ。まるで、穴蔵へでも落ちこ

んだように、あたりはうす暗く、見上げる空だけが目にしみこむような青空であかるかった。妖気のただようようなうす気味のわるい場所だった。
　草付の断崖から、岩くずれがあった。誰にも被害はなかったが一行の頭の上にでも落ちたら大事になるのだったと誰もがふるえあがった。三の窓の雪渓が、青空へとどくように、一直線に高く高く天へのびていた。
　二股の出合の灌木の中へ天幕を張っている一団があって天幕のそばで、立ったり坐ったりして、身をちぢめるようにしながら、ふるえて朝飯をその一団の人々が食っていた。朝飯がすんだら、岩を登り雪渓を登る勇ましい登山者たちであることは、その山の服装でわかった。

剱沢の雪渓の雪解水が流れていた。川幅も広い、川べりの灌木のなかを押しわけて進んだ。ベニバナイチゴの実が、灌木のなかのあちこちに目立った。このあたりの道は、道らしい道ではなかった。人が通って枝が折れ、草がふまれているという具合の道で、歩きづらかった。

雑木の林をぬけたり、灌木をくぐったり、大きな岩を飛びこえたりして進むと、前が開けて河原状の場所へ出た。そこを登ると、真砂沢《まさごさわ》の出合で、少しばかりの平地があり、そこが野営地と指定されているところで、昨夜も四五人の男女が野宿した様子で、天幕をそのままにして、あたりを男女がうろうろしていた。わたしたちも、そこの平地で一服した。見上げると、剱沢の雪渓が広々と空へつづいていた。

いよいよ剱沢雪渓の登りである。白馬の大雪渓でさんざんわたしは苦労したので剱沢の雪渓登りは、一段と気持が緊張した。

長次郎雪渓は見ごとな一直線である。上の方に、豆つぶほどの大きさに、二人ほどの登山者が降ってくるのが見えた。グリセードでかなりなスピードで降っているのであるが、動いているように見えない。足元にわきたつ粉雪が、そのスピードを思わせた。

八ツ峰の鋭い岩峰のところどころに残雪があって、青草がついていた。ハイマツもついているようであった。雑木の立木は一本も見えない。高山の空気がいっぱいに満ちて、まったくすがすがしい気分だった。わたしたちは、長次郎雪渓の出合で、一回目の軽い昼飯を食った。イワシのカンヅメを切ったが、高山の空気のなかでは、その香があくどくて、とても食えたものではなかった。

何人もの登山者が、軽々と雪渓を降ってきた。長次郎雪渓にくらべると、平蔵の雪渓は少し小さいようであった。どちらもわたしは、かんたんなスケッチをしたが、構図の上ではにたようなものになってしまった。

地勢からいうと、押し出してきて、そこだけ平地になったというような場所に、剱澤小屋が、雪崩をふせぐがんじょうな石垣にかこわれて、平たく建っていた。小屋の前は広々とした庭という感じで、残雪の雪解水が流れこむ清水の池もあった。小屋の上の方の平地では、大学の登山部の合宿だろうか、大形の天幕が張ってあって、青年たちが手持ちぶさたに、登ってきたわたしたちの一行を見おろしていた。

小屋の裏手の谷の向こうの雪渓では、尻をひっぱたくようにして、グリセードの訓練の最中だった。山がすきで、山岳部員になったのだろうが、訓練の有さまを見たら、訓練させられるその子の母親は、きっと泣くだろう。母親から見れば、きっとむごたらしい有様に見えるにちがいない。

剱岳の方向に登って行く訓練の一隊もあった。歩きかたがのろいのを、後から杖の先で尻をつついている。それがりっぱな登山家を養成する訓練だろうが、わたしには見ていてつらい気持だった。第二回目の昼飯を食うので、わたしたちは小屋のなかへはいって行った。

空腹の立山

剱小屋の空はまっさおだった。小屋の前の平地を出はずれると、そこから別山乗越《べっさんのっこし》まで、雪渓がつづいていた。雪渓の裾のところに、雪渓の雪解水が、溝になって流れていた。登山者が、水筒を三ツも四ツも肩にして、雪渓を降っては水をつめ、また雪渓を登っていた。

雪渓のへりの草地を、わたしたちは一列になって登った。黒シャツ黒チョッキ黒のチロルハットのおそろいの山支度の二人の青年は、剱小屋でわたしたち一行と別れてその日のうちに剱へ登り、剱小屋へ一と晩泊って、下山するのだというので、一列のなかに、その特異な姿はなかった。

別山乗越の小屋のあたりは、登山者で混雑していた。二階の小さいどの窓にも人の顔が出ていて、昼日中から小屋は満員のようであった。小屋で応対している娘さんは真赤な毛糸のジャケツを着、口びるも真赤にぬっていて、うすよごれた登山者の群のなかでは、不自然にあくどい姿であった。お茶を所望したところ、その娘さんは、泊り客以外には、お茶も出せないということだった。わたしたちはなさけないやら腹だたしいやら、そこそこに小屋の前を退散した。戦後まもないころのことで、物資に不自由していたとはいえ、めずらしいことに思われた。

わたしたちは、水筒に水をつめるために、さきほど登ってきた雪渓の裾へ降らねばならんことになった。高校生のKという元気な若者が、皆の水筒を集めて水くみに行ってくれた。登るとき見た水くみの登山者のわけが、これでわかった。

大日岳《だいにちだけ》が、目の前にあるわけだが、それを眺めたおぼえがない。小屋でのいきさつや、水くみのことなどで、眺めるどころでなかったのかもしれない。

別山乗越の小屋の裏手から、道は登りになった。多勢歩くものとみえて、道は幅も広く、小砂利を敷きつめたようにきれいだった。立木が一本もない。岩の割目に育ったイワウメの株が、白い花をつけていた。樹形はまことに小さいが、その割合いに花が大形なので、わたしの好きな植物だ。トウヤクリンドウというのだろうか、あちこちに点々と見られた。一帯にからっとした空気で、歩く山肌は無気味なほど灰色がかっていた。降ったり登ったりして稜線に出た。稜線の東側にはべっとりと、一面に残雪がくっついていた。真砂沢の頭らしい。それとも変った名前の内蔵《くら》の助《すけ》平《だいら》の上であったか。また、少し登りつめたところの平地にいくつもの積石があった。誰もが一服する場所らしかった。平地の西がわの窪地の下の方は残雪の谷になっていた。その窪地のへりにハイマツが繁っていた。そのハイマツの下に二三の人がもぐりこんでいた。ひと晩野宿するつもりであんなところにもぐりこんでいるのだろうと、わたしたちは話しあった。

積石のある平地からさきの道は、岩山の横っ腹を巻いたり、稜線の上の岩畳を飛んだりする苦労のある道だった。地元の人らしい服装の登山者が、幾組も降ってきた。大汝山《おおなんじやま》の岩肌の道を歩く目の前に雄山《おやま》神社の祭ってある祠《ほこら》が見えた。見おろすと室堂の建物が、ひとかたまりになって小さく見えた。人の動く姿もかすかに見えた。西側の山ひだには、幾条もの残雪があったが、それは、なんとなくうすよごれた色合のようであった。

祠の建つ雄山の頂上は、岩峰

で、その上に石垣を積んで、そのなかに祠が建っていた。その西側の真下を通って、南側へ出ると、祠の建物への登り口であった。夏だけ社務所が、頂上に移されるという雄山神社の社務所の建物は、なんの変哲もない普通の建物で、冬の大風雪によくも無事に建っているものだと思われるものであった。

一行のたれもがひどく疲れていた。疲れるはずである。池の平小屋を早朝にたって剱沢を登り、立山の岩道を飛び歩いたのだ。腹も空いていた。心がけのいい人は非常食を持っていた。茶わんにうつした粉に水をそそぎ、箸でひっかきまわすと、それが即席の餅になるのだ。それは、まるで、つきたての餅のように茶わんの中に丸まっていた。多分もち米の粉であろう。腹もちがよいにちがいない。その少しの即席の餅をリーダー格の人々は分けあって食っていた。晩飯の食える小屋へはまだなかなかの道程だから、腹ごしらえをしているのであった。そうした便利な代用食を持ちあわしていないわたしや三四人の者は、見晴しのいい場所にすえられている方位板のまわりに集まって、まわりの山を眺めるどころでなく、うまそうに食っている人々の方をぬすみ見るよりほかしかたなかった。

リーダー格の人々も、即席の餅では、腹のたしにはなりっこないし、わたしたちのこともあるので、これから降って行く一の越に新築された山小屋へ、飯の仕度をたのみ、腹ごしらえをしようと相談がまとまった。

時刻は大分進んで、西日が山肌を照らしていた。小石のざらつく降り道はつらかった。空腹と疲れで、足元がおぼつかない。途中でわたしは、足がもつれてすべり転んだ。後でわかったのだが、上で見ていたリーダー格の人々が、やられたとひどく心配したそうだが、わたしは、転びかたがうまかったのか、かすり傷の一つもおわなかった。

飯にありつけるものと、よろこびいさんで、一の越の新築の小屋へ降りついてみると、黒部渓谷のダム建設地の視察に県のおえら方が、大ぜいの部下をつれて泊っていて、わたしたち一般登山者の世話どころでないという有さま、わたしたち空腹組はがっかりして、愚痴をこぼす勇気もなく、小屋の前にくたくたと坐りこんだ。一の越へ降る途中はるかの下の方を、荷をかつぎ上げている人の姿が目についたが、その人がやっと重い荷をかつぎ上げて坐っているわたしたちの前を通った。おえら方のその夜の山の宴会用の食糧を、かつぎ上げたらしいのであった。

高校生のKが、わたしのそばへよってきて、自分の飯盒《はんごう》には、まだ飯が残っているから二人で分けて食おうとすすめてくれた。小屋からお茶をもらって、少しの飯盒の飯を分けてもらって食った。その少しの飯でも、わたしには助かった食い物で、身も心もしゃんと落ちついたような気がした。

小屋で休んでいたらしい県のおえら方が、ぞろぞろと出てきた。一の越にたって、黒部渓谷を見下して部下の説明をいちいちうなずいてきいていた。黒部渓谷は、深林におおわれて、黒々と魔物のように気味悪く沈んでいた。そのとき案内者らしい男が黒部側へかけるように降ったと思うと、キバナノシャクナゲの花つきの一枝を持って登ってきて、おえら方の一人の前に立って、うやうやしくさし出した。

五色ガ原へ

一の越から浄土山へ向う道は、荒い小石をしきつめたような道で、あたりには、小さな高山植物の花が、ちらちらと咲いていた。荒い小石が、赤さびた色をしていたのは、いまもはっきりおぼえているが、高山植物が、なんであったか忘れてしまった。

浄土山の頂上は、広々とした平地で、中央の場所に、がんじょうな木材を使った建物が建っていた。あたりに登山者が、ちらほらと四五人いた。その建物へ泊めてもらう人らしかった。

頂上は夕暮の色合いで、一服する時間もおしんで、わたしたちはさきへ急いだ。頂上から少し降りにかかるあたりになると、岩のかさなりで、その上を、わたしたちは飛びはねるようにして降ったのであるが、それは、若い元気な人たちのことで、いちばん後になったわたしは、もう恥もがいぶんもなく、はうようにして両手両足を使って岩の上を降った。その日の登り降りの縦走には、みんなまいっていたのであるが、なかでも、わたしが一番参っていたようである。

岩石づたいにはい降る向こうにはまた一と山、登りが続いていた。夕暮の色合いが、眺められるかぎりの山々を色こくして、なんとなく不安な気ぜわしい気持が、胸いっぱいになった。

じぐざぐ登りや、山腹をよぎったりした。幅はせまいが深く黒部渓谷へ落ちこんだ雪渓を渡った。急斜面の雪面に自分の身体をすりつけるようにして渡ったのであるが深い黒部渓谷は、もうすでに夕闇で、それを見下しながら渡る気持はふるえた。

やっと稜線へ出た。身丈のひくい灌木が、繁っていた。道はその中を進んだ。もうあたりは夕闇だ。夕闇のなかでも稜線の平地の道を歩くようになると、わたしは元気をとりもどした。わたしたちよりはるか後を幾人もの連れの人が、おくれてのろのろと歩いていた。夕闇のなかのはるかうしろに、ランプの明かりがちらついていた。

ザラ峠へ降るじぐざぐ道は急で、板のように平たい石がざらざらしていて、その板の上へ足をのせると、棒のようにくたびれた足元に、いっこう踏みこたえる力がはいらない。わたしは、まるで尻もちをついたままで降ったようなものだ。

黒部のトンネルのなかへおき忘れた杖は、あちこちの山へ持っていった愛用のものであったが、おき忘れたことをつとめて残念がるまいと、やせがまんしていたが、わたしはそのときになって、残念だとつくづく思った。

五色《ごしき》の小屋へみんなが着くのは、すごくおそくなるとわかっていたので、M女史は早手まわしに、一番年の若い青年を、晩飯の支度をしておいてもらうようにと、さきに行かしておいた。はるか下の方向で、闇夜のなかに、明かりをふって合図している者がある。年若い青年にちがいないと、こちらは、大声をはり上げて合図した。

ザラ峠には、古事来歴を記したものだろうか、大きな立て札が建っているのが夜目にわかった。左はゆるい斜面、右は断崖と、それは平素地図の上での知識で、まっくら闇のなかでは、地勢は、わからなかった。ゆるい登りであるが、小屋までは、つかれている足には、なかなか遠い道であった。

みんなの晩飯を小屋へたのむと、年若い青年はすぐに引き返して、わたしたちをむかえにきてくれたもので、くら闇の中で姿は見えないが、小屋はもう近いと明かりをさし上げて、わたしたちの方に近づいた。断崖の上の道が、平地へはいったところに、二張の天幕が、くら闇のなかに目立った。その向こうにその夜の泊りの小屋が、うす明かりをもらして、建っていた。その日の縦走は、わたしにとってはちと無理なものであったが、とにかく五色の小屋にたどりついたので、身も心もくたくたになっていたがほっとして重い足で敷居をまたいだのである。敷居が高くて、足を持ち上げるのによっこらしょと、両手でもって足を支え上げた。それほどにわたしの足は棒のようにつかれていた。

小屋の一階の奥まった一室に、小屋の人があぐらをかいて坐っていた。そこが、食堂でもあるらしく、わたしたちが全員そろったところで、おそい晩飯になった。ダケワラビだとか、山草のはいったみそ汁であった。わたしは、もう、がつがつと夢中になって食った。登山者たちは、二階へ泊っていた。地元の人たちだろうと思われる男女の一団が、中央に車座になって、しんとなって、中心にあるものを見つめていた。何ごとだろうと、のぞきこんで見ると、コッヘルの上に、おしる粉の鍋がかかっていて、中年の男が、無器用な手つきでスプーンでかきまぜている。家庭にあるときは、おそらく茶わん一つもあらうこともないだろうに、その中年男が、若い娘さんに見まもられて、せっせとやっている図は一寸滑《ちょっと》けいでもあったが、山にはいったればこそそれが楽しそうにできるのだなとも思えた。

すでにねる場所がきまって、ほとんどの人は、横になっていた。おそくなって小屋についたわたしたちのねる場所は、なさそうに見えたが、小屋の人が二階へ入ってきて、あちこちのすみから苦情の声をききながら、身体をやっと横にする場所をつくってくれた。

こんなとき、わたしはいつでもてきぱきと、ようりょうよく動けないものだから、そのときも、最後にやっと自分の場所がきまった。階段口のところで、寝返りでもしようものなら、すってんころりと、階下へ落ちそうな場所で、わたしは、胆をひやしながら横になった。

寝返りを打つこともできぬほど、つかれていたものだから、ねむりこんだと思ったらもう夜明けだった。目がさめてみたら、横になったままで、階下へも落ちずにいてほっとした。

夢にまでみて、ながいあいだあこがれていた五色ガ原の朝はさわやかだった。小屋の前にたつと、山々の重なりの向うに、遠く槍ガ岳が眺められた。ハイマツと、残雪と、ところどころにクロユリが、その間を、雷鳥がひなをまもって、右往左往していた。

その日は、スゴウの小屋までの予定だから、だれもが、のんびりした気持で、ふらりふらりと原を歩いた。鷲岳《わしだけ》のすそを歩く道のあたりには、うすい紅色のチドリの類のラン科植物がたくさんあった。たぶんハクサンチドリというのだろうと思った。

M女史に命じられて、二三の人が、アザミの芽をつんでいる。五色の小屋でわかったのだが、スゴウの小屋は小屋番がいないということだ。五色の小屋で、米もみそも買いこんで、明日の食糧の用意はしたが、副食物は手にはいらなかった。そういうことをきいて、わたしは心がふさがった。

スゴの小屋

いくつもの突起を乗りこえた。ある突起はまっすぐに頂上を乗りこえた。ある突起は頂上の直下をゆるく巻いて進んだ。ほんのふみあとというだけの道で、灌木の

なかを進むのになんぎした。
深い鞍部の向こうの山腹の林のなかに白く光るものがみえた。スゴ小屋だろうということになって、みんないさんで進んだ。一度くだって登りついてみると、それは、林の中の巨木の枯れたものだった。みんながっかりした。スゴ小屋はまだかまだかと、愚痴をこぼし、たらたらと汗を流して進むと、ながいながい林のなかのくだりがつゞいた。そのくだりついた鞍部が、スゴ乗越とおしえられた。
歩きおくれた人々を待って、一行がそろうまで、わたしたちは、身体を青草のなかへなげだしてやすんだ。

スゴ小屋への登りも、ひどい急な登り道だった。土のはみ出た道を足をすべらしながら登った。立木は繁っているが、道の上は開けているので、かんかんと太陽が照りつけて、暑くてたまらなかった。通る道に清水が湧いていた。わたしは、口をつけてすいとってのんだ。とたんに汗がどっと流れ出た。

一寸《ちょっと》した道のぬかるみに、ミズバショウのような花が咲いていた。それをミズバショウであるかと、人にききただすのもおっくうであった。人もまた、返事をするのもおっくうなほど、くたくたになっていた。

五色の小屋をたってから、まだ三時間か四時間ぐらいしか歩いていなかったのだけれど、途中のいくつもの突起の乗りこえに一行はすっかりくたくたになって、参ってしまっていたのである。

スゴ小屋は、うっそうと繁った密林のなかにぽつんと建っていた。小屋の前の道を境にして、黒部の側はあまり立木のない灌木帯で見晴しのきく胸のすくような眺めであった。目の前に、黒部の谷をへだてゝ、赤牛岳《あかうしだけ》や、水晶岳《すいしょうだけ》の山々がごつごつと眺められた。これから次々と歩いて行く山々も眺められるのだが、一々説明をきくのがわずらわしくて、わたしは、わたしなりに一人で、人をよせつけないようなそのごつい非情な姿の山々を、ふるえるような気持で眺め入った。

時間は、まだ三時か四時か、かんかんと明るく太陽が照っていた。五色の小屋できいたとおり、小屋番は山をくだっていなかった。土間や部屋のよごれかたも、まあたらしく、大鍋がいろりにかかったままで、そのいろりの灰のなかに、まあたらしい動物の骨が、散らばっていた。たぶんうさぎの骨だろうと話し合った。

わたしたちは、その食いちらしたいろりや、部屋や、土間をひとわたりきれいに片づけた。別な人は、枯木集めに密林のなかへはいった。水を作るために近くにある残雪を取りに行く人もあった。手わけしてやったものだから晩飯の支度も早くできた。

部屋の中は暗くなった。その暗やみのなかで、いろりの焚火のあかりで、晩飯を食った。五色ガ原からくる途中食えるものは何んでもとって歩くということだったが、けっきょくとったのはあざみだけで、そのあざみの新芽のおひたしと、あざみの新芽のはいったぞうすいが、その夜の御馳走としての晩飯だった。作りかたがまずいのかおひたしも、ぞうすいのなかにいれたあざみも、口のなかへいれると、変にがさっぽくって、なかなかのどを通るものでなかったけれど、わたしは無理にもそれをのみくだした。誰もが、つらそうな顔つきをしていたけれど、それは本心からつらいというものではなさそうで、けっこう誰もが、その悪食を楽しんでいたとも思えた。

窓らしいもののない小屋は、入口だけがぽかりとあかるかった。その入口から遠くの残雪の山々が眺められた。その山々は夕日を受けて、あかるく照し出されていた。

入口ががくぶちの型になるその眺めは、いまもはっきりとまぶたにうつし出せるほど印象的な眺めであった。

一行の年長者だということになって、わたしはいろりばたへねむることになった。そのかわり目がさめたら焚火をみて、火を絶やさぬこと、一行の人々は、枕を並べて一列に壁ぎわに風をよけてねむることになった。老体といっても、当時は老体であったわけではないが、老体は身体が冷える、と一行が同情してくれたものと、わたしは涙が出るほどうれしかった。

あとになってわかったのだが、それは、わたしの歯ぎしりのはげしさと、いびきをかくのが盛んなのに、これまでの山小屋で一行がへきえきしていたので、わたしからその災難をのがれようと、一同密議の結果、いろりばたは暖いから年長者にと、態のよい島流しをしたもので、涙を流さんばかりに感謝した気持が馬鹿々々しくなったものだ。

朝は早かった。その日は、三俣蓮華《みつまたれんげ》の小屋まで飛ばすというので、一行は張りきって起きた。わたしは、焚火の番の役目で、その責任感もあってか、どうも熟睡しなかったらしい。寝不足であった。その上、晩飯の山草料理で、腹の具合がちとあやしいようだ。途中でもよおしては気はずかしいことになるからと、ランプのあかりをたよりに密林のなかへはいった。そこに小さな水たまりがあった。小屋の用水になるのだろうと、その水たまりを遠くはなれて、わたしは、用をたした。その辺一帯は、どうも、用をたす場所のようでもあった。

夜中ひどく雨音がしたので、気づかわれていた天気も、朝になると、これまでのような上天気になった。雨になれば、スゴの小屋からスゴ谷をくだる下山の相談もリーダー格の人々の間に相談がまとまっていたのであった。いよいよ薬師岳《やくしだけ》への登りである。

昨夜水作りに残雪を掘りおこしていて、ピッケルの柄を折った人がいた。残雪をにらんで、くやしそうにしていた。

深林帯をはなれたところの行く手に残雪があった。せまい場所に天幕を張ったあともあった。残雪のすそに雪解水がちょろちょろと流れていた。太郎兵衛平《たろうべえだいら》まで水場がないときかされて、わたしは口をつけて飲んだ。冷たいばかりで味もそっけもなかった。

登る道々は、キバナシャクナゲでいっぱいで、花が咲き残っていた。地図の上にある二八三五メートルの記号のあたりをすぎたところから、黒く垢のついた平たい岩の重なりの上を進んだ。

岩井谷方面の山が黒々と大浪小浪のように重なり合っていて、遠く白山《はくさん》が雲の上に浮んでいるのが眺められた。黒部川の谷底から吹きあげる風は、肌にしみる冷めたさであった。急に登りがきつくなった。薬師岳の頂はもう一息のところであるらしい。

カバケと熊と

薬師岳の頂上は、ひらたくてせまかった。せまい中央に、石積の台地をつくり、その上に、粗末な木造の祠《ほこら》が建っていた。ひら地の西がわのへりには、わたしの身丈ほどの石積の垣があり、そこだけが風よけになっていた。祠の前には、五六寸から一尺ほどもある赤錆びた鉄の剣が、一面に散らばっていた。昔の信仰登山者が、奉納したもので、山頂の風雪の歴史を、一つ一つが赤錆びた刀身に刻みつけているものゝ、誰もが、無神経にその上を、ざっくざっくと歩いた。わたしは、いたわしい気持も手つだって、そのなかの一つ二つの折れた握りの部分を、そっとひろいとってポケットに大事にしまいこんで、知らぬ顔をした。

頂上をはなれると、西がわから強い風が吹きつけていた。わたしたちは、朝飯を食うため、風の吹きつけぬ東がわの斜面に、一とかたまりになって腰をおろした。その下の方に、急斜面で大きな雪渓が、身ぶるいする気味わるさで黒部川へ落ちこんでいた。

残雪を散りばめた山また山が、午前の太陽にかがやいて、向こうに眺められた。

あれが、赤牛だ。あれが、水晶だ、と、気の合う者同士が、話し合っていた。

盛り上りの型の山上が広々としている。雲《くも》の平《だいら》だ。その向うに三俣蓮華岳と槍ガ岳が眺められた。その日の行程は、三俣蓮華小屋までだったが、それは無理を承知の上での行程で、わたしは、目の前に大きくふくらんだ型の三俣蓮華岳を眺めながら、思わず溜息が出た。

薬師岳からのくだりの道は、頂上近くでは、小灌木も雑草もなく、小粒の砂利を敷きつめたような斜面をくだるので、足も早かった。しばらくくだったあたりから灌木の中をくだった。その灌木帯は、ノリウツギの木のような感じのする木であった。わたしたちは、いっきにそこまでかけるようにくだった。

前夜の悪食が、少し腹にこたえている気味で、頂上での朝食もほとんどのどを通さぬほどひかえていた。その上、くだりで身体の運動がはげしかったものだから、食物の消化作用もはげしかったか、もうがまんできんほど、生理上の問題がおきてきた。みんながびっくりして、いちようにわたしをふりむくのを後にはずかしく感じながらわたしは、ノリウツギの木の感じのする灌木のなかへ、いっさんに分け入った。

水のない小さい沢をくだった。沢に積みかさなった大きな岩を乗りこえ、岩と岩との間をくゞりぬけてくだった。沢の両がわは立木で、立木の枝を通して日の光がさしていた。

地図の上で見ると、西がわの岩井谷、東がわの薬師沢、その両方の上部にある鞍部にくだりついた。太郎兵衛平への取りつきで、一同は、やれやれと、リュックをなげ出して、草の上に身を投げ出して休んだ。

毎日の晴天つゞきで、太郎兵衛平の雑草の葉は、しおれ気味で巻き葉になっていた。雨が降れば水たまりになる無数のくぼみは、そこだけ雑草が育っていなくて、ひびわれて土がかさかさになっていた。

草原のなかほどに、骨組がくずれた小屋のあとがあった。野宿した登山者があったものか、その骨組のあいだに、ハイマツの生木がしかれていた。たき火のあとも新しかった。

皆の者が、後になり先になり、ぶらりぶらりと歩いていたら、いつのまにか、太郎兵衛平の草原もすぎて、シャクナゲとハイマツの繁るゆるい登りにかゝった。太郎山なのであるが、別に頂上らしいものも見当らない。いつのまにか太郎山を通りすぎていた。

登りもなければくだりもない。平坦な山上の尾根とでもいうのか、まったく気も晴々とした縦走路だ。北アルプスにもこんな楽な道があるのかと、一人感心した。

東を見れば、雲の平の台地が、ひろがっている。黒部川の流れの水が、ちらちらと眺められ、ところどころに、白く光って河原も眺められた。西を見れば、いち段ひくく、小さな山また山が、どこまでもつゞいていた。飛騨の山国のその広さ、その深さが、ひと目で眺められた。

ふりかえって見ると、いましがた登り越えてきた薬師岳がおっかぶさるように眺められた。山頂から山裾にかけて幾すじかの残雪のひだが、きらきらと光っていた。つかみどころのないそのぼうようとした山容は、北アルプスの山々のうちでも、随一のものだ。

上ノ岳《かみのだけ》小屋跡というのは、方形に石だけが並んでいて、やっと小屋跡かとわかるほどのものであった。そこでわたしたちは昼食を食った。いっこうに食欲がなく、半煮えめしに、アザミのおひたしは、のどを通らなかった。

北信州に住むという青年が真下に見える白く光る河原を見おろしながらいうには、三俣蓮華へ行く近道だ、イワナもたくさんおる、自分はまだイワナつりに行ったことはないが、イワナつりは大ぜいはいるという。そして、登山者も、よく、近道をするという。その登山者が、あのあたりへはいって行くと、あそこは、深い密林で、よく道に迷うのだそうだ。そんなとき、あわてゝ右往左往していると、どこからともなく、オーイと呼ぶ声を耳にするのだそうな。やれうれしや仲間がいる、助かったとばかり、オーイと返事をして、声の方へ進む、また、遠くで呼ぶ、返事をして進む、いつまでたっても、声の主に追いつかぬ、精も根もつきて、ついに遭難するのだそうな。山なれた登山者は、向うがオーイと呼んでも、オーイと返事をしないのだそうな、ヤッホーと返事をするのだそうな。そうすると、向うは、勝手ちがった返事とばかり、それっきり再び呼ばなくなるとか、そのオーイの主を、イワナつりの人々は、カバケといっているという。その青年のいうには、多分カッパだろうと、まことに真面目くさってわたしに話すのだ。わたしもまた、真面目くさって、青年の相手になっていたが、すきがあったら、そっと、まつげにつばをつけたい気がしたものだ。

上ノ岳をすぎてしばらくすると、ほんの小さな盛り上りがあった。道はその盛り上りの左を進むようになっていた。先きを進む人々は、もうはるか先きを歩いていた。わたしたちは三人連れになっていた。リーダー格のM女史や二、三人の人々が、はるか後を歩いていた。

わたしたち三人連れは、盛り上りの地勢の左がわを陽気に進んだ。気がついてみると、わたしたち三人は、なんとなく、右へ右へと歩きまわっていることだ。おかしなことだと、先方を見ると、わたしたちの後の方を歩いているはずの女史のよごれた洋傘が、わたしたちよりはるか先きに見えたのである。わたしたちは、はるかにおくれて歩いていたのである。黒部のカバケにいっぱいくわされたのである。カバケの話もまんざらまゆつばものでもないらしいと、わたしたち三人は話し合った。

わたしたちは、まっすぐ進む道を見あやまって、ふみあとについて歩いて、盛り上りの地勢を一とまわりしたのであった。ふみあとがあるところをみれば、多くの登山者も一とまわりしていたものにちがいない。

わたしたちが、M女史に追いついて、声をかけると、びっくりして振りかえった。

M女史は、わたしたち三人の姿が、忽然と消え失せたが、多分先へ進んでしまったものと思っていたのに、後から現われて、声をかけられたので驚いたといった。そして、盛り上りの地勢の一件をきいて、大きな身体をゆすって、大笑いした。

黒部五郎岳の一つ手前にある二五七七メートルを乗り越すときであったと思う。わたしたちは、全員そろって、深いハイマツ帯のなかのふみあとをくゞって登った。ハイマツ帯をくゞりぬけると、ゆるい登りになった。砂礫の上に点々とイワギキョウだったか、チシマギキョウだったたか、紫の花をつけて風に吹かれていた。

誰もが、ぼつぼつとつかれてきており、わたしもつかれがひどかった。みんなおしだまって、あえぎあえぎ登っていた。誰かゞ熊だとさけんだ。みんな、一瞬ぎょっとしたようだった。さけんだ人の指さす方を見ると、小さい沢をへだてた向こうの青草の斜面に黒い物が、もくもくと動き、手足が天を向き、また前後左右にゆれ動いていた。よく見ると、青草にねそべって、一人たわむれている有様で、わたしたちは息をのんで、じっと見まもった。誰かゞ仔熊だといった。誰もが、はじめて見る熊らしかった。わたしも、また、熊を見るのは、そのときがはじめてであった。いまならいっせいに写真機を向けることだろうが、そのときは、十幾人もの同勢であったが誰一人写真機を持っていなかった。そして、誰一人写真をとっておいたらと考える者もいなかったようである。当時は、まだ物に不自由な時代だったから、普通の登山者は写真機のことなど考えも及ばなかったともいえる。

二五七七メートルの頂上を乗り越すと向こうに、二八三九・六メートルの黒部五郎岳が、行く手をふさぐように、たちはだかっていた。それを眺めてくたびれているわたしは、もう、ひたひたとそこへ腰をおろしたくなった。けれど、外の人々は、ひと休みもせずに、もうひと山越すのだと、ふるいたつように、黒部五郎岳へ向かっていっきにくだりについた。小さな登りくだりがあって、いよいよ黒部五郎岳への登りになると、若い元気な人々も、つかれはかくせなくて、登る足元はのろかった。ひらたい岩のかさなりの登り道はつらかった。足のふみかたがへただと、ひらたい岩と共にすべった。わたしは、幾度もすべった。

黒部五郎岳の山上に立ったと思ったら、そこは頂上につゞく断崖のへりであった。内がわをのぞきこむと深くえぐられた地勢で、そこは、一面の残雪で、丁度茶わんの半分に雪がついているというかっこうであった。

さて、雪面へすべり下りて進むか、断崖のへりを登って進むか、リーダー格の人々の相談はなかなかまとまらなかった。そのとき、秋田から、縦走に参加した青年が、さっさと一人断崖のへりを頂上へ向って登って行った。こっちだこっちだ道はこっちだとわたしたちに向かってさけんで、一人頂上へと登ってしまった。まとまらなかった進路も、一人の青年のさけび声できまったように、一人登り二人登りみんな登りにかかった。頂上は、岩の重なりで、その重なりにはさまれて、ハイマツとシャクナゲが繁って歩きにくかった。

その日一日食欲がなく、ろくに食いものを腹にいれていない、その上くたびれもひどい。とうとうわたしは、頂上の岩畳の上で、気が遠くなり、目がくらむような身体の具合に参った。それでも弱音をはいたり、ぶったおれるぶざまなまねは、皆の人に見せたくない。これは、無理にでも食いものを腹へおしこむより外に手はないと、皆の者をやりすごして、とっさに、リュックから、ハンゴウとイワシのカンヅメを取り出し、ハンゴウの飯に水をぶっかけて、腹のなかへ流しこんだ。大事に持ち歩いたイワシのカンヅメは、雪線上の純粋な空気と、高山植物の新鮮な香のなかでは、なんとしても、なまぐさく鼻もちならぬもので、ついに口へいれることさえできず、匂いをかいだだけで、遠くを目がけて、さっとなげすてた。

無理にいれた食いもので、どうにか力づいてきた。下の方で、わたしをよぶ声がする。元気をよそおう声をはりあげて、わたしは返事をして、岩畳とハイマツの上を飛んだりくゞったり、苦労しながらその人たちのあとを追った。

あとがき

戦後まもなくから書きたまったものが、「山の足音」として一冊にまとまることになった。「山の果実」の一連のものは、すでに廃刊になった東京リポートに絵と文で連載したもの、「峠から峠へ」、「北アルプスの記」などは、「アルプ」に、その他、ホテル協会の「機関誌」、「信濃毎日新聞」、「山と高原」などに掲載されたもののうちから山の香のあるものを、選んだつもりである。それにしても、創文社の社長久保井理津男氏がこれらのものを一冊の本にまとめてくれた勇気、同社の大洞正典、三宅修の両氏、版画の大谷一良氏に大変気骨をおらしたこと、最後に全面的に好意をしめされた串田孫一氏、以上のかたがたに深く深く感謝いたしたい。

画文集　山のえくぼ

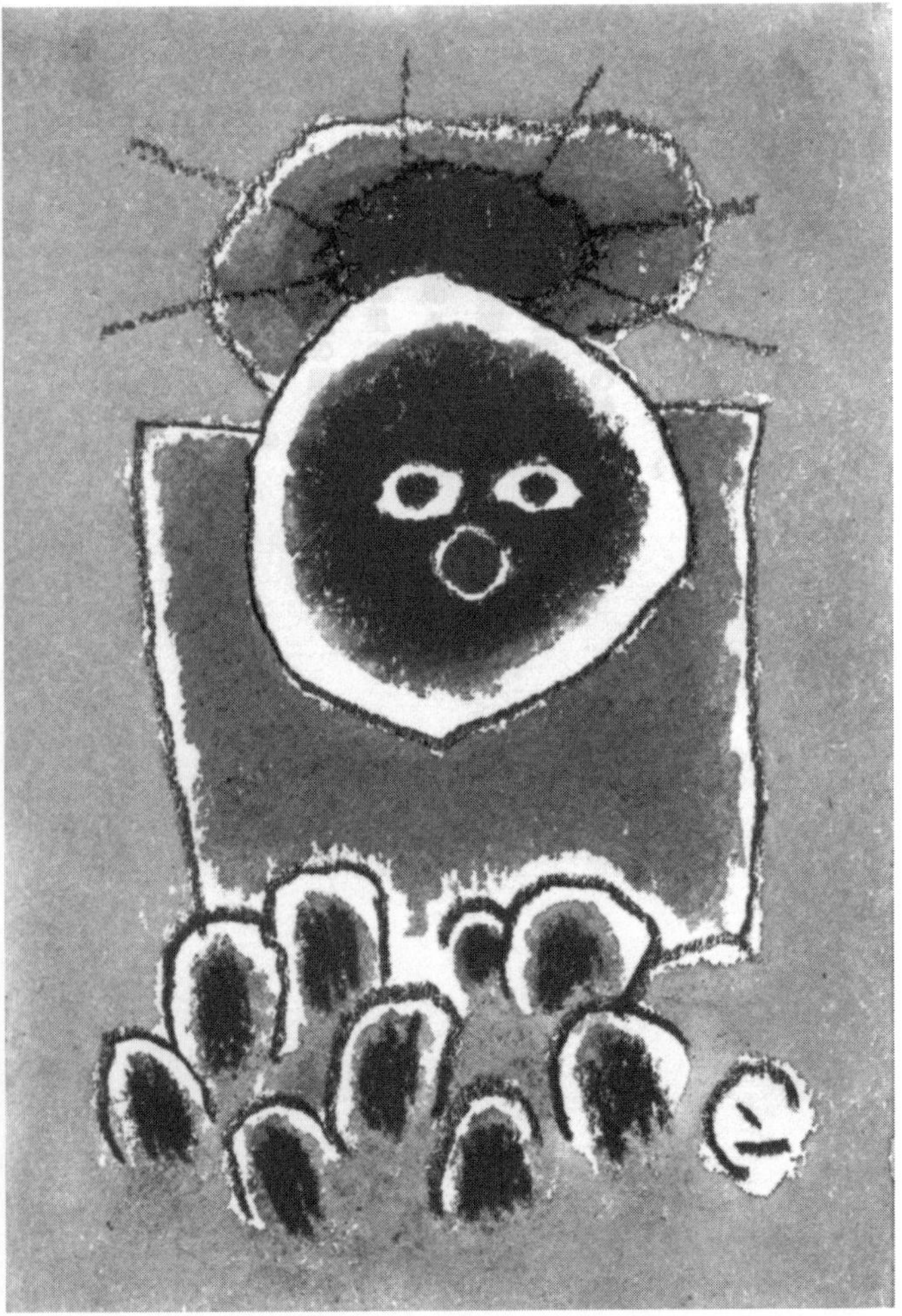

山のえくぼ

とんがった高千穂《たかちほ》の峰に立つと、途方もない広がりの、つかみどころのない太平洋の海が、小さな山、大きな山が重なりあった九州全土が、足もとから北の果てまでも、見とおせるありさまに眺められる。頭がぼうっとなってきて、踏みしめている足元の方が、ぐらつきそうな気もちになったりする。

高千穂の峰の頂上の見晴しもいいにはいいが、それにもまして、わたしが、ワッと声をあげて、息を吸いこみ、喜んだのは、山麓の大きな池、小さな池、あっちの山、こっちの山の、てっぺんの、大口あけた穴ぼこの水たまりで、穴ぼこだらけのからっぽもある。写真でよく見る月の表面のあばた状を、地上でも見る思いである。

また、山頂伝いに登り下りしてみると、頂上からでは、うかがい知れなかった山の様相が発見されたりして、霧島《きりしま》山群の山歩きは、数かずの神話があったり、大地が盛り上る地理的なものをわくわくと想像したり、誰にでも興味のもてるところである。

高千穂の峰と新燃岳《しんもえだけ》の中間に、こぶこぶを作って並んでいる中岳のこぶの低い頂上は、多少平たくなっていて、水たまりのない浅いくぼ地は雑草が繁っている。寒い季節ならさしづめ、風をよけての日なたぼっこには、まことによい場所である。新燃岳や、大浪池《おおなみのいけ》、そのほか頂上の穴ぼこに水をためこんだ山が数かず散らばっている。

水をためた穴ぼこも、からっぽになった穴ぼこも、雑草が繁っている穴ぼこも、夢みるような遠い遠い昔、大地の底からの魔力によって、この地上に一つ一つ造り上げられた跡だと思うと、気の遠くなる思いがする。

いまも、魔力の息づかいの荒あらしく残る山頂の穴ぼこもあれば、魔ものの棲家を思わすように、満まんと、どす黒く水をためこんで静まりかえっている穴ぼこもある。

荒あらしい息づかいの、熱気ぴゅんぴゅん噴出の穴ぼこには、地上に勇しく生きる力を強く思わすが、どす黒く水をためた穴ぼこは、身体が引ずりこまれる不気味さがあり、穴ぼこのへりに立つ身体が、じりじりと後ずさりする思いだ。しかし、その無気味な水面に、水鳥だろうか、群をなした鳥が、静かに浮んでいて、それを眺めていると、激戦のあとの平和な暮しとでもいいたいありさまを思わすものがある。

日なたぼっこによい場所の、雑草の穴ぼこがいちばんよろしい。昔、一つひとつが、火を噴出したことだろうが、それを思わすものは、ただ少しくぼ地になっているありさまだけで、雑草にもぐって、日なたぼっこをしていると、つい夢うつつになってくる。

なんだかんだとへ理屈を書き並べてみたものの、水がたまっておろうが、からっぽであろうが、雑草に埋まっていようが、噴火の跡の穴ぼこは、大きな大地の自然の見事な作品群である。おかしな事だが、人間の身体にも、でこぼこがあって、一つひとつに、その名があると同じように、霧島山群の噴火口群のうちにも、人間のへその部分に当るものがありそうだ。さしづめそのへそは、いまだに生きている穴ぼこよりも、また水を満まんとためこんだ穴ぼこよりも、中岳の雑草に埋もれた日なたぼっこによい場所の穴ぼこが、それにふさわしいように感じられた。

この時の山行きからの帰りみち、東京の家が火災との電報を受けた。帰ってみると、隣家全焼で、わたしの家は消火作業で何もかもがメチャクチャになっていた。

山と山の神

夏は中央の山をほっつき歩き、冬は四国や九州の山のあっちこっちを歩きまわったものだ。しかし、それはもうすでにひと昔もふた昔も前のこと。そんな古いことでも山のことになると、きのうきょうのようにそのときのことなどが、いともはっきりと思い出される。

九州の山のあっちこっちなどといっても、ほうぼうを歩いたり、登ったりしたわけではないが、地元の登山家橋本三八さんが、九州の山は秋から冬にかぎる、などと手紙をよこしたりするものだから、そうした季節に二三度行った。

十一月の末から十二月にかけて霧島山を歩いたが、九州も南のはしだからさぞ暖いだろうと思っていたら、どうしてどうしてなかなか寒くて、夜の山小屋では寒くてふるえあがった。雪など降るまいと思っていたのに、あられが降ったものか、高千穂の峰へ登るときには、岩かげやかん木の根元に、あられのふきだまりがあった。霜柱もひどいもので、ぐさりぐさりと山靴がめりこんだ。

寒いけれど南の空の空気は明るくて、青さの色が中部地方の山の空の青さとはっきりと区別ができる青く澄んだ空で、その青さは暖か味のある色合だと思った。

空の青さは暖か味があるといっても、とんがった高千穂の峰のてっぺんは、太平洋のきつい荒波を吸った風がまともに吹きつけていて、とてもじっとしてはいられない冷たさであった。

新燃岳あたりのノリウツギだろうか、そんなふうな立木のなかの小道には、いつごろ降りつもったものか、表面が木の葉やごみできたなくなった雪が、こちこちになって残っていた。

最近といってもいつごろだったか、新燃岳が爆発した。新聞に掲載された見取図を見ると、どうも残雪があったあたりではないかと思っている。

新燃岳にぽっかりとあいた古い噴火口の底には、気味のわるい色をした水が満々とたまっていて、なんという鳥かしらないが、水面にいっぱいさざなみをたてて浮んでいた。火口底の水面を見下していると、身も心も水面に向ってすいこまれるような無気味な妖気があたり一面にただよっていた。

たいていの山の頂上は旧火口で、すでに埋まって草地になっているのもあった。

大なり小なり水をためていて、歩いていてもはるかなる大地の相貌のなかに自分を見出して、ちょっと山を下る気持にならず、幾日でも歩きつづけたいような山の群であった。

霧島山へ行ってのかえり道には、ぜひ八幡《やはた》市へ立ちよれと、なかば命令的な手紙が橋本三八さんからきていたのだけれど、そのときは四国、九州と歩いていたので、東京を出てから一カ月以上もたっていた。もちろん里心もついてはいたが、一カ月以上も東京をほったらかしておいたのでは、家族の者がひぼしになってしまうというので、八幡市へはたちよらずに、別府から再び四国へ渡って、宇和島の近くの寺に住む義弟のところへたちよったのである。

やれやれと寺の玄関へリュックをなげ出したとたんに、わたしあての電報がきた。あけて見ると隣が全焼みんな無事の意味の電文である。

わたしの住む家のことだ。ちっぽけで、ごみごみした場所だ。隣が全焼なら当然わたしの家も丸焼けだと一人ぎめして、びっくり仰天あわて者の義弟のなぐさめの言葉など油に火をつけたようなもの、心はまるで火だるまのようになって、東京へ飛んでもどった。

東京へもどってみると、わたしの小さい住いは玄関などめちゃくちゃ、釘付けにされていて家のなかへもはいれなかった。家族の者は近所の人の好意で、その人の家へ避難したままであった。それでも家が焼けていなかったのでほっとした。

もどってきたわたしを見つけて、近所の人がいち早く山の神女房に知らせたものか、わたしの前に立った山の神は、これから山へ行くときは行きさきをはっきりしておいて——それが第一声であった。近所の人がいなければなんとかかんとかいって、山の神のたかぶる気持をぺしゃんこにしてやるのだが、近所の人の手前もあって、わたしは照れながら神妙に頭をかくよりほかしょうがなかった。

いまは故人になった明治生命の知人が火事と知り、それっとばかり救援金を持ってかけつけてくれて、八方へ電報なども打ってわたしの所在をさがしてくれたのであった。その一本の電報にわたしがうまくめぐりあったというわけである。

九州の橋本三八さんからは八幡市へこなかった罪はふかいが、九州の山、高千穂の峰へ登った冥利によって、家族の人達の息災であったのはなによりである、といった意味あいの手紙がきた。

小さな家は焼けはしなかったものの、住むことのできないほどこわされてしまったので、住居にはその後苦労した。ここへ移り住んでもう足かけ八年ほどになるから、かなり以前のできごとである。

このときの山行は、わたしも一生忘れられないし、家族の者も忘れられない事だろう。

八ガ岳のお湯場

八ガ岳の中腹、稲子《いなご》牧場のはずれに、稲子湯の建物の記号が、ぽつんとあるのは、地図の上ではかなり以前から知っていた。関東の山をあっちこっち歩きはじめた頃のことだから、かなり昔のことである。

先輩の画家に、温泉ずきの人がいて、その人からも、何度か聞かされた。その画家が稲子湯へ行ったかどうかは、多分、何度も足を運んだことだろうとは思うが、ついに、はっきりしたことも聞かないまま、数年前に亡くなってしまった。

わたしは、温泉そのものだけで出掛けることはほとんどない。山を歩いて温泉場へ出くわせば、お湯につかって汗を流す程度のものである。

中央線の方からは、幾度も八ガ岳へは登ったり、山麓をほっつき歩いている。ずっと以前に、まったくの厳冬期、一月の初めに、赤岳、硫黄岳へ登ったことがある。赤岳鉱泉を基地にした。頂上を目の前にして、猛吹雪にあい、赤岳登山は断念して引き返した。

翌日、硫黄岳へ登った。山頂は凍りついていた。強い風に雪は吹き飛んで、がらがらの小石の原っぱになっていた。

夏沢峠の道が、雪の中に細ぼそと見え、根石岳の林に、雪が積りかぶさっている格好は美しかった。その向うに、天狗岳の二つの頂上もまっ白だった。

火口壁へ身構えて立つと、元の火口底にあたるあたり、まだらに雪を積らした林の中ほどに、これまでも、行って見たいと思っていた夏沢温泉の建物が、ひっそり閑として、寒ざむと見下せた。宿の人でも居るのであろうか、一筋の煙が、細ぼそと見えた。

赤岳鉱泉の宿は、冬期にはいって、鉱泉の湧く場所が凍ってしまい、お湯を沸かすこともできんありさまだった。浴槽は、赤岳方面への登山路を挟んで、一つ屋根の下である。軒下に大きな長い氷柱が、幾つもぶら下がっていた。せめて、浴槽なりと見ておこうと、覗いてみたら、板敷もからからに凍り散り、浴槽の底は残り湯が、こちこちに凍り結めていた。背筋がぞくぞくする寒気だった。

稲子湯の上の方、天狗岳のま下にある小さいみどり池、そばの山小屋の若夫婦が、登って来いと、しつこく手紙でいってくる。一月の末のことである。山の達者な絵

かきさん、若い元気者、三人で行くことになった。地元からは、松原湖の住人の絵かきさん、わたしらを迎えに里へ下って、自宅へ泊まっていた若夫婦同勢六人が、雪の深いみどり池へ登ったのである。

途中までしかバスは通じていない。土地の絵かきさんが、運転までも引きうけてくれる自動車を、友人から工面してくれた。後半分被い無しの荷台になっているやつである。六人が全部乗れなくて、土地の絵かきさんが、山のようになった荷台のリュックが、走る途中、転び落ちないよう、番人かたがた、荷台のリュックの上へ、四つんばいの格好で乗り込んだ。

がたびしの道路も、番人のおかげで、リュックは道へ転び落ちなかったものの、山道へかかる雪が深くなって、車は雪の坂道で立ち往生した。その度ごとに、男どもは車を下りて、排気ガスに顔をしかめて、車の後押しをした。しかし、けっきょくは、びくともせぬ雪の深さになったので、みんなは雪の中を、ぽっこぽっこ歩いて、車を見捨てることにしたのである。

稲子湯が、もう、近かろうというあたりで、稲子の人らが道の雪かきをしていた。主人と思われる人に、山小屋の若者が、なにやら話した。稲子湯のおかみさんと見られる女の人に、長ながと話しこんだ。女の人を見ると、これはまたなんとしたことか、知的な顔かたち、山の中にも、このような女の人がおったのかと思うほどの美しい人である。しばらくぼうっと、わたしは見とれてしまったものだった。

美しいおかみさんがおるから、どうのこうのというわけではないけれど、おそらく、わたし一人の山登りだったら、時間など問題にせず泊まり込むことにしただろうけれど、なにしろ同勢のあること、わたしといえども、良識をはたらかして、みんなのあとを追って、雪の山道、後髪ひかれる思いで、みどり池の山小屋めがけて登ったのであった。

その年の十一月、八ガ岳には、もう雪が積もってまっ白だった。前の日、乾徳山《けんとくさん》へ登った。油がきれて皮が堅くなっていた山靴で、物すごい靴ずれをおこしていた。小海線《こうみ》の小泉へ、土地の人を訪ねたりしているうち、だいぶ時間がおそくなった。土地の人の家へ泊まれとすすめてくれるのを、無理に振り切って小海線に乗って、松原湖の方へ向った。

日頃、利用する乗り物が頭にあるのがいけなかった。松原湖の駅へ着いて、窓から駅を見ると、駅はまっ暗、無人の駅である。下りようかと思案していたら、列車は出てしまった。次の小海の町へ下りたのである。ところが、駅前の宿屋も、どの店も雨戸を閉めて、人、一人歩いていない。かなり遅い時間で、最終列車だったかも知れんのであった。

小海の町へ泊まるより、少しでも山に近く泊まって、楽なことにしようと、駅員にたのんで、自動車を工面してもらった。稲子湯泊りになったのである。はじめからの計画ではない。成りゆきまかせでそうなったまでのことである。

里の方では、すっかり夜が更けて、店の戸も閉めておったのに、山上の一軒宿、稲子湯の玄関は開けっ放されていた。車の音をききつけて、春、登ったとき、すっかり見とれて、わたしが年がいもなく、ぼうっとなってしまったおかみさん、女中さんの顔が玄関に並んでいた。

いよいよ稲子湯の宿へ泊まるのか、すいよせられるように登ってきた後ろめたさもあったものの、わたしは、なにかしらん望みがかなえられた気持で、ほっとしたものだった。

湯からあがってひどい靴ずれのことを話し、次の日へ必要な、水筒替りにするビールの空ビンを、おかみさんに頼んでおいた。朝の出がけに、頼んでおいたものを持って、おかみさんが玄関にいた。靴ずれの傷口に当てる脱脂綿の包、水を入れたビン、ビールビンではなく、赤丸のマークのビンである。脱脂綿に赤丸のマーク、取り合せがおかしかった。赤丸が馬鹿に目立った。

みどり池の方は、かなり深い雪であった。小屋の若夫婦には、子供が生れていた。春、泊まった小屋は一服しただけ、昼めしのごちそうになった。小屋の若い主人は、中山峠まで見送ってくれた。

中山峠の雪は深い上に、まだ、踏みかたまってなく、まるでせまくて深い溝のよう、歩きにくかった。中山峠の小屋は、登山者が何人かいて、ドラムカンのストーブで、雪で湿った靴下などかわかしていた。

その日、一人渋の湯の方から登ってきたのがあるから、踏跡がついていると、小屋の主人がいった。最終のバスにも充分時間があるともいった。

林の中の谷道は、岩の群に雪が積っているので、一人の人の踏跡をたどっても、どすんと雪を突き破る。岩の間に落ちこんで苦労した。

渋の湯は、こうこうと蛍光灯の明るさであった。最終バスには時間がある。一と風呂浴びて、汗でも流そうとしたら、いまアベックさんの入浴中で、しばらく待ってくれと女中さんがいって奥へ引っこんだ。再び出てきた女中さんのいうには、アベックでも、お年寄だからよろしいだろうといった。わたしは、腰をおられたあんばいでお湯にはいるのを止めた。

乾徳山と宿屋

わたしは、はじめて乾徳山《けんとくさん》へ登った。先年のことといっても、古いことではない。つい最近のことである。絵かき仲間と連れだって登ったのであった。

乾徳山から派生した尾根筋の裾に添うて、徳和川が流れている。川の向こうの山は、とっくに紅葉の過ぎた色あせた疎林であった。大久保山というのだそうである。

少しばかりの、ゆるい勾配の斜面を利用して、徳和の部落の人家が、徳和川より一段の高みに、上流へ向かって建てこんでいた。人家の間を、右へ、左へ曲りながら、勾配のある道路が通じ、家と家の間も、道路のわきも、野菜畑、麦畑、桑畑であった。

冬枯れで、荒涼とした趣きの人家に、麦の青さは、いくらかの明るさを添えていた。学校へ通う子供が、五、六人わたしら二人のそばをすり抜けた。山村の子供のあどけなさではなく、都会的な子供の放らつな態度の振舞いがあった。

中央線の沿線といっても、かなり深まった山村の奥、不便だといいながらも、ハイカーがかなり入りこんでくるこん日である。心ない若いハイカーの高慢な振舞いが、純ぼくな山村の気風を、すっかり都会的にしていることかと思った。

山あいの部落にも、おそい時刻の朝日が差していたが、そこらあたりにも、人家の庭さきにも、人っ子一人見当らず物静か、沈んだように森閑としたものだった。頭は重く足はふらつくわたしら二人は、黙もくと部落の中を通り抜けた。

山峡の行く手の稜線は、雪がべっとりついていた。国師岳《こくしだけ》から派生した尾根筋であろうか、晴ばれとした眺めではあるが、寒ざむとしたものであった。わたしたちの目指す乾徳山は、雪の稜線のはるかの手前、別な稜線の一角に、そびえ立っているはずであるが、山の土手っ腹にさえぎられて、歩く道からは、何一つ眺めることができなんだ。

前の晩、おそくなってから、たった一人わたしは徳和の部落の宿についた。わたしの属している美術団体が、山村で写生会をやり、ついでに、懇親会を開くことになった。ちょうど、その仲間の一人が、〝乾徳ばあさん〟で山登りの人らにひどく人気のあった宿屋を知っていたので、その仲間の世話で、簡単に徳和部落が写生地にきまったのであった。よろこび勇んで馳せ参じた人らは、会の中の有志、若者といいたいところ、ことに、若い人らが、大よろこびしたのは、年若い女流画家が多かったことである。

仕事の都合で、わたしは、外の人らよりずっと後れてたった一人で、夜もだいぶ更けた徳和の部落の宿についたのであった。

塩山《えんざん》の駅で、乗りつぐバスが、うまくいかず、止むを得ずわたしは駅前から自動車を飛ばして、懇親会の会場になった宿屋へ着いた。宴はいよいよ盛り上っているのか、自動車から下りた道路まで、わめき散らす騒ぞうしい大声がきこえていた。

乾徳ばあさんは、先年すでに病没し、宿屋は縁につながる老夫婦があとを継いで、昔のままの姿で経営されていた。

歓を尽した懇親会の宴も終って、割り当てられた部屋へ枕を並べたのは、夜の十二時もとっくにすぎた時刻であった。階下の部屋では、女の人らをひと部屋にするには部屋が広すぎる。広い部分に野郎どもを押しこんで、問題をおこしてもこまる。野郎どもは進んで希望する向きもあるありさまであった。あとで知ったのであるが、参加した女の人はみんな未婚の人であった。

そうした他愛のない世話役たちのもめごとの話し合いが、二階に枕を並べているわたしらの耳につつぬけにきこえてきた。

ほとんどの人は、翌日、思い思いの場所を見つけ写生したり、あたりをぶらついて楽しんだりしたのであるが、中に一人だけ、徳和へきたからにゃ、乾徳山へも登るんだと勇ましい人がいて、わたしと連れ立ったというわけである。

乾徳山はハイカーの山などと軽くみてはいけない。頂上あたりは岩場もあり、二〇〇〇メートルの山である。連れの絵かきさんは、何一つ山登りの支度はしていない。その日の弁当一食分と、写生帳だけの持物であった。

扇平までの急坂の登り道で、二人とも前の晩の歓を尽した楽しさなど、すっかりけし飛んでしまうほど登りに足元の苦労をした。しかし、扇平の少しの高原へ登りついて、そこに湧き出て流れる清水を、がぶがぶ飲んだとたん生気を取りもどした。ことに、連れの絵かきさんは、落葉松《からまつ》の林の向うのま上、乾徳山の岩の頂上だけ、青空に突出ているのを眺め見上げて、ぐっと息をのむありさま、振り返って、遠く雪をかぶってまっ白な富士山を、小手をかざして眺めては、登ってきたことの喜びを大げさにいった。

茶店のあたりの道は、雪解けでぬかるんでいた。短靴で歩く絵かきさんは、まったく閉口していた。

頂上近くの森林の中は雪があった。二人の若い娘さんが、雪の道を下ってきた。連れの絵かきさんは、若い娘さんでも登っているのだ。なんのなんのこれしきのことで、と威勢のよいありさまを見せた。

威勢のよいとこ見せていた連れの絵かきさんも、一枚岩を、横ばいにへづる場所では、悲鳴を上げて立ち往生した。思わず妻君の顔がまぶたに浮んだそうである。

島々の部落

松本からの電車、終点「しまじま」につくと、山へ行く人、上高地あたり観光の人、ほとんど、バスに乗ってしまう。バスは梓川の右岸へ、コンクリートの長い橋を渡って、上流へ走る。

四方から、せまった高い山の、土手っ腹が重り合っている。谷底のいくらか広いなというありさまの場所は、山のてっ辺から水道管の下っている、大きな発電所が対岸に見える。雪を解かしたきれいな水がゆるく流れて、谷底に広がる河原が明るい。

発電所の持ち山の場所だけが、きれいに、手入れされている桜の木だろうか、外の樹木と、はっきり区別できる。花の咲くころ見事なことだろう。

島々谷から流れ出た川の橋を渡ると、島々の部落である。谷底の一角の広場に、民家が寄り合って建ち並んでいる。もちろん町制を実施するありさまの人口ではなかろうけれど、上高地へ、北アルプスへの玄関口に、ふさわしい趣ある、小都会的

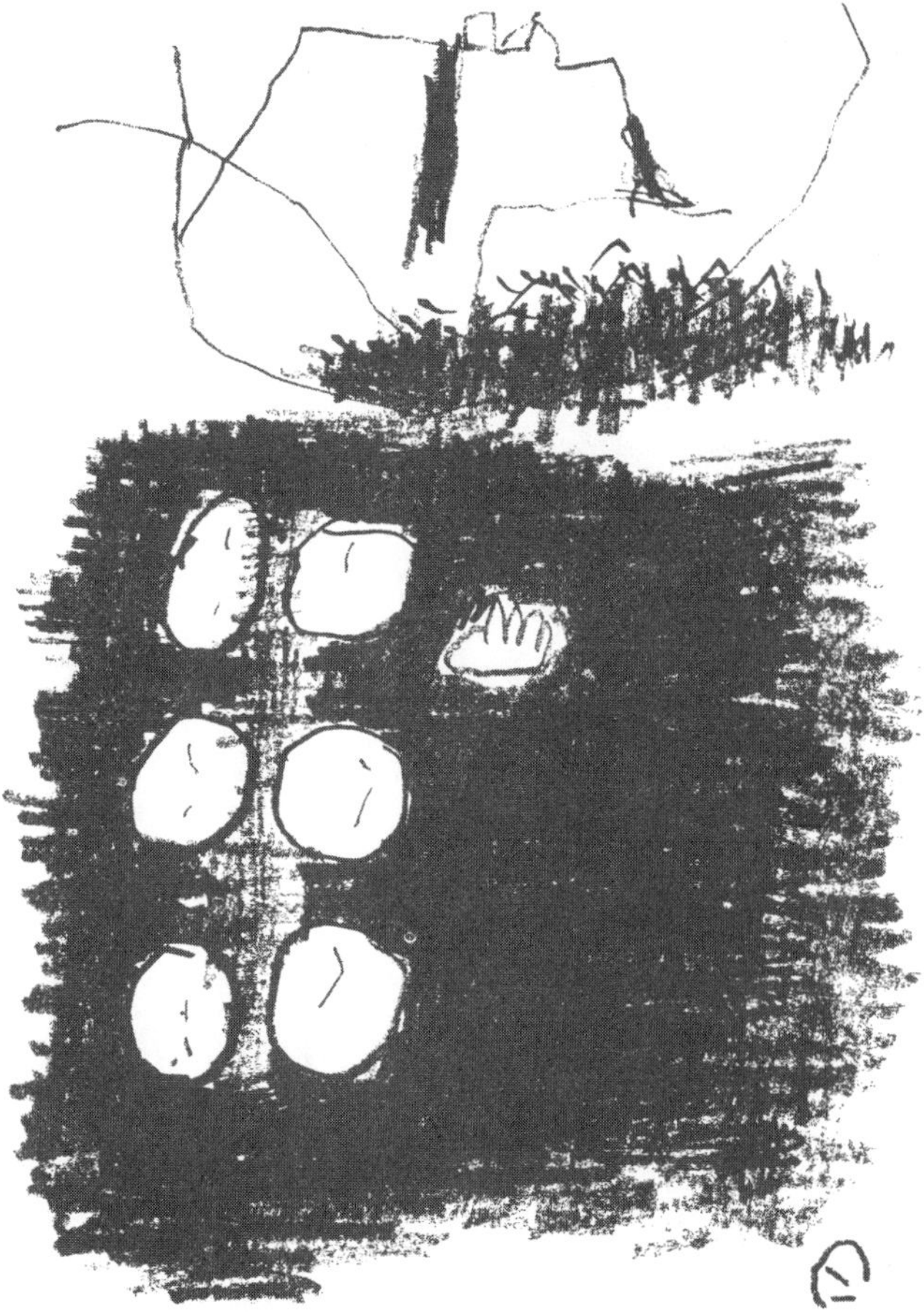

なものがバスの窓からうかがえて、頭の中に残る場所である。

しかし、バスに乗った人も、地元の人らも、当然、島々部落にバスを下りるが、島々だけの旅の人らは一人もいない。趣ある場所だけれど、素通りのありさまの人々ばかりである。

バス通りには、近代様式の公共の建物や、対岸の発電所などがありはするが、原始のありさま、まだまだ素直に姿を残していて、バスの窓からの景色が忘れられん場所である。

郷里の湯

道後《どうご》のお湯は、わたしの郷里のお湯である。もっとも郷里とはいっても、わたしの郷里は道後から、はるか南の方、高知県との県境に近い山の中、三ツの村を合併して数年前に町制を敷いた小さな町である。だから町には国鉄駅が四ツもある。その内のいくらか大きな駅のあるところが、町の中心になっている。

近代的な役場、郵便局の建物と、さびれた商家の建物が、こん日的な発展のありさまを見せかけているが、昔から町並らしい格好は整えていたところである。山よりの辺ぴなところは、昔のままの農村風景であるが、農家の建物は昔のままではない。農家の人らはお互いが競いあって家の改築をしておる。明るい建物が目立つ農村風景である。

昔、その辺ぴな場所の小川の近くに鉱泉が発見されて、共同風呂的な湯宿ができた。鉱泉でもめずらしかったのである。鉱泉宿の上流には、ちょっとした景勝の地もあって、海岸のU市あたりの山歩きの連中が、日曜ごとにやってきて、帰りにひと風呂浴びたり、近在の農家の人らも利用したり、一時は繁盛しそうであったが、そんな辺ぴなところでも、戦争末期になって、B29の呉《くれ》軍港への襲撃進路にあたっていたので、当時、U市と同時に襲撃され、近くの農家もろとも焼夷弾の犠牲になり跡かたもなくなった。

海一つ隔てた別府《べっぷ》には、熱湯が至る所に湧き出て、一大歓楽都市であるのに、こちら側のU市には、ろくな鉱泉さえ湧かない。ときたま、鉱泉らしい湧水が発見されると、土地の新聞が大見出しで騒いでいるが、物になったためしがない。

しかし、U市より南のT町の山奥には、鉱泉が見つかり、町営のなんとかセンターなるものができていて、U市あたりからも自家用車族が家族引きつれよく行くらしい。そうしたなんとかセンター、劇場まがいの豪華なホテルがお湯の湧き出るところなら、どんな場所へでも、どんどん建ち並んで行く、季節など問題にせず繁盛しているらしい。繁盛ぶりに業者が慢心したのでもなかろうが、そうした温泉場の事故、惨事が多く傷ましいことである。思わず腹もたつあんばいである。

昔から、日本人は清潔でお風呂好きだとの定評がある。温泉場を繁盛さす原因は、お風呂好きが原因だろうけれど、最近ことに盛んになった遊び好きが一枚加わって

原因をつくりあげたとも思われる。考えなくちゃいけないことである。

昔は、湯治に行く場合、U市方面の人は、のうのうと足をのばせる汽船で別府へ行ったものである。こん日、汽車の便がよくなってからは、道後へ行く人が多くなったようである。一と風呂あびて日帰りもできる。お役所仕事の中心が松山である。なんでもかんでも陳情をくり返さないと、ことが運ばん時代である。陳情に松山へ出た人々がちょっと足をのばして、道後の共同風呂に身を沈めて、のうのうとするのを一つの楽しみにしているようである。

郷里にある温泉でも、わたしは、道後の共同風呂へは数えるほどしか行ったことがない。最近も何度か松山へ行った。いつも先方が指定したおしきせのホテルか旅館へ泊まった。以前は共同浴場一つしかなかったのだが、戦後になってから、道後一帯の各地から温泉を湧き出させていて、それを元湯にして、ホテルや旅館に引き湯したきれいなものだ。やはり、道後の湯は、開放感の味わえる、共同浴場にかぎると思ったものだ。

わたしは、自分の家にいても、自宅の風呂がたつ日でも、自転車で近くの銭湯へよく行く。広々と間取りした町の銭湯の流し場がすきなのである。家族の者らは、うちに風呂があるのに、不経済なことだと、むきだしに文句をいうが、わたしは、家族の者の文句などきき流して、いまも町の銭湯通いを止めていない。

道後の共同浴場近くに住んでいて、県立図書館長を長年勤めたN氏は、大の共同風呂好きであった。朝の起きがけに、のうのうと一と風呂浴びない日は、勤めに出ても、落ちついて業務が進められんほどの朝風呂党でもあった。この人、最近、道後から少しはなれた場所へ新居を造ったが、その後は朝風呂に不自由しているのじゃなかろうか、気にかかることである。

共同浴場の近くの老人などは、弁当もちで朝から晩まで、浴場暮しをして、のんびり楽しんでいるという、まことにうそのような話もきいたことがある。

共同浴場一つだけの時代とちがって、道後も、やたらにあっちこっちお湯を湧き出させて、なんとかセンターなるものが続出しているのを知った。それぞれがうまく繁盛するとも思えない。共だおれが心配のたねでもある。

石積の垣根の家

愛媛県の南の果ての西海町《にしうみちょう》は、陸地とのつなぎ目の地峡の幅は五百メートルほどのもの、そのせまい土地が町の中心地である。そのせまい地峡の南側の岸辺から、だらだら坂の町並を登って行くと、北側の岸辺の真上に出る。見おろす真下の浜は、音たてて沖合から波が打ちよせている。そして、海の色合はまっさおできれいであった。しかし、これはずうっとの昔眺めたころのことである。

この浜も、昔は、ハマユウがいっぱい自生していてきれいな砂浜だったが、通い船の発着所であったり、いろんな建物があって、昔の面影はなに一つない。海の色合も流れものが漂っていてきたならしい。

海を右手に見下しながら、せまいけれど舗装のよい道を、沖合へ曲りくねって進むと、内泊《うちどまり》、中泊《なかどまり》、外泊《そとどまり》の三つの部落である。どの部落も、前は海、後は山である。後の山の斜面のゆるい場所は畑である。かつて、耕して天に到ると評された南伊予の土地柄ではあったが、こん日では雑草がしげり、大きく育った林さえ、あっちこっちに目だっている。

昔はこのあたりイワシの漁が盛んであったものだ。以前、この部落のお寺にひと晩泊めてもらったことがある。そのお寺の坊さんは、漁業組合長も兼務していて、お寺で食う魚は自由に手にはいるらしく夜明近く、浜へイワシ漁が帰って来ると、大かごさげてもらいに行く。まだピチピチしているありさまのイワシの塩焼が、朝めしのおかずである。わたしは、その時、海岸に住む人らの頑健さというものを目の前で見たものだ。

内泊をすぎると中泊の部落である。中泊はこのごろ特に世間に名を知られた国立海底公園の見せ場、鹿島《かしま》へ渡る基地であり、観光客相手の民宿を部落全体がやっているようである。民宿のサービスぶりは知らんが、どの家も古い住いに、新建材などの目新しさの派手な建増しである。中泊の次が外泊である。人家はここでおしまいになる。何年か前に完通したという観光産業道路は、これから先は舗装なしの悪路で、西海町の全地域だとも思える西海半島を一周して、出発地点のせまい地峡の町の中心地へたどりつくことになる。

内泊も中泊も、建物に変ったものはない普通の、この地方の民家と同じである。

外泊の民家も建物そのものには何の変ったところはないが、急な斜面を段作りにして、ひと段ずつに一軒ごとが、高い石積の垣根、その中にひっそりと家が建っている。石積の垣根の上にのぞく瓦の屋根が、なんとなく頑丈に眺められる。家によっては、漁の網をぽっかりと屋根へかぶせているのさえある。

外泊のこのありさまは、台風にそなえての守りかも知れん。それにしても、五、六百メートルと離れていない中泊が、何の守構もしていないのも不思議である。

地図を見てもわかるとおり、このあたりの海岸線の湾曲はまったくはげしい。外泊の目の前の小さな岬の外側は太平洋に直面している。台風の激しさはひどいものだろう。その激しさは、あっちの岬、こっちの岬の断崖にぶつかり合って、最後に外泊を襲撃するとでもいうのであろうか。この地に人間が住みついてからこの方、ながい年月の被害の苦しみの結果が、石積の垣根構築となったのだろうか。見るからに一つ一つの住いは石積の垣根の中に、こっぽりと静まりかえっている。そして、旧時代を思わす堅固な城塞のおもむきが、一つ一つの住居に感じられる。

この石積の住居は、これまでに週刊誌や、観光雑誌などでも、たびたび紹介されている。この南の果てへでも心引かれて、わざわざ見に来る人もかなり多いときい

た。このあたり一帯は海釣りの漁場であり、また鹿島の海底公園もあるので観光地としても日の当る地域である。駐車している車も県外のナンバーが断然多いということだ。しかし、その観光客が、目の前にした石積の垣根の中の住居に生活する人びとのことにまで、考えを深める人は少ないようだ。

西海半島の北、宇和海《うわかい》を九州へ向って、細長く、由良岬《ゆら》がのびている。由良岬の突っぱなの手前に網代《あじろ》部落がある。小部落であるけれど、昔、この海域の漁業権を一手に握っていた大きな網元がいて、漁業が盛んだった時代がながくつづいたということだ。戦時中は岬の突っぱなの海軍の施設に納める食糧を調達、郵便の中次などをした部落だときいた。

わたしは、網代部落へは行ったことがないが、昔宇和島から御荘《みしょう》城辺《じょうへん》へ行くのに陸路が不便な時代、沿岸航路の小形船の船上からよく眺めたものだ。

部落の左右の断崖と断崖の間は石垣がずらりと積み上げ並び、外と内を行き交う通路の穴がぽかりと一カ所あった。あまり多くもないらしい民家は、ひとかたまりになって石積の上へ屋根だけ見せているのが眺められた。南方から襲ってくる台風の強風を防ぐというより、激浪を防ぐ石積の垣根じゃないかと思ったものだ。

この地方は、俗説的に台風の銀座通りだなどとよくいわれている。が、それにしては、民家の建築の構造が、特別なものは何一つない。この地方だけにかぎった問題ではないようだが、この地方でいうなれば、まったくの南の果ての僻地のこと、僻地に住む人びととしても、材力的な問題があったことだろうと考えたりした。

中国の万里の長城を小形にした石積の防波堤を築いた網代部落などは、財力の豊かな網元が部落の住民の安全を守ろうとして築き、自分の一家の安泰をも守ったのじゃなかろうかと考えた。もし、わたしが考えたことが本当なら、網元の思考はうれしいことである。

シイの実

わたしがここへ移った頃は、森に囲まれた旧《ふる》い農家と、畑だけが目立っていた。畑のへりにぽつんぽつんと、普通の住宅があっちこっちに建っているありさまだった。

季節がくると、農家の森にも、住宅にも、色づいた果実が目についた。ほとんどの家に果実の木が植えてあるようだった。戦争中の物が不足した頃に、口に入れる物はなんでもかんでも自給自足した名残のようにも思われたものだ。

わたしも、仕事が暇な頃だし、まだ子供だった次男坊を連れて、そこらあたり歩きまわった。農家の森のじゅくした柿が道に落ちていたり、イチジクがじゅくして張りさけて、ハチが群がっていたりした。大人も子供も、そんなものに目もくれない、腐りっぱなしになっている果実を眺めて、次男坊が手を出しかねないありさまに、わたしは一人苦笑したものだ。

当時、景気のよかった農家の子供は、果実など、町の店で売ってるのが食えるも

のだぐらいにしか思っていなかったのかもしれん。

近くの学校の裏庭にシイの古木が何本もあって、垣根を越して、通りの道に、三ツ粒、四ツ粒とシイの実が落ちた。その三ツ粒、四ツ粒のものを、毎朝拾いに行ったものだ。

都会の人には、シイの実が食えるとは、知らん人が多い。シイの実など、けっしてうまいものではないが、四国の山村に育ったわたしは、シイの実拾いが、一つの大きな楽しみだった。

以前、港区に住んでいた頃は、戦前、戦後で、まったく、子供への口せせりが無かった頃だった。近所の焼け残りの森へ木の実拾いに子供と連れだって行って、子供たちを喜ばせたものだ。親も子も、木の実などに目を光らすのは、子供のころ受けた野性的な習性ではなかろうかと思っている。

正月酒

わたしは、もう何年来というもの、新年早々に家をあけたことがない。その何年来の新年に、一度だけ作文の仕事の依頼で家をあけてしまい、わたしのいない家族だけの正月をさせたことがある。

或いは家族の者らは、しちむずかしいへそ曲り者のわたしなどを交えない正月の団らんの方がなんぼうか楽しいかわからんと考えているかもしれんと思ったこともある。

明治の後半に生まれ、明治、大正に育ったわたしは、やはり、どことなく旧式なところもある。

平素、家族の者らに貧乏暮しを余儀なく強いていても、わたしはやはり、一家の支えを常日頃考えてはいるつもり、せめて、正月にでも、何もかも、ふっとばして忘れてしまい家族の中へ素直にはいりたい、と思う。

しかし、山の神はともかく、いや、山の神でもそうかも知れん。と、いうのは元日のおとその量は知れているが、あとに続くおみきの量は、平素をはるかに越える量である。

　そうなると、いつもは口べたなわたしであっても、口が軽くなるあんばいである。子供らに向っても、別にお説教ではないのだけれどなんとなく口やかましくなる。子供らから、そうれ、明治時代が又はじまった、とばかりわたしは総攻撃を受けることになる。いっそ酔いつぶれるまでの酒の量なら、家族の者らもうるさくなくて助かるのかもしれん。

　しかし、わたしは、おやじが大酒のみだったので、子供の頃、散ざんいやな思いをした記憶があるので、わたしは量的なことは考えての酒である。こん日考えてみると、おやじの大酒は理解できるように思う。ただ単に大酒をのんだと考えたのでは、おやじが哀れである。おやじの年齢をわたしはすぎた。やっと、おやじの心情がわかるように思う。

　と、このようにわたしが考えるほど、おやじ自身は、自分のこと柄を自覚していたのではなかったかもしれん。とにかく、おやじは哀れであった。

　子供の頃、病身であったという、おやじのおふくろ、わたしのおばあさんは、関東のさる神様に、元旦におぞうにを食わしましませんから病気をなおして下さいと、願をかけて一生元旦のおぞうにだけは手を付けなんだ。大体酒のみは、餅は好かんようである。おやじは、これ幸いと、お酒の方へ手をまわしたのかもしれん。

いまから十年も前になるんだろうか、わたしの物すごい貧乏時代である。あるきっかけから、ある自動車製造の会社の仕事をして、予想以上の当時としての高額の金をつかんだことがある。あっちへも、こっちへも借金の山だったのを、一つ残らず支払った。

口にこそ出さなかったが、山の神も借金の山には心をいためていたようで、これで肩の荷が下りたとばかりその時の正月には思い切りの大酒をのんだ。そんなに飲んでいいものかとわたしは心配。山の神はそれっきりで元日も二日も酔いつぶれてねてしまった。家族のものこそいい面の皮であった。いまでも、そのときのことを思い出して、ときに苦笑している。

大酒のみだったおやじも、年をとるにしたがって、量が少なくなった。大酒のんで家族の者にいやがられるのを知っているものだから寄り合い酒の席などでも、人より早くキリ上げてきたりすると、自分からそれを自まんしていた。

わたしは、子供のころから、いたって頑健、神様に物だちなどのことはない。また酒も一っころは、ちびちびとやるのがいい時期があり、屋台へ首をつっこむのがいい時期があり、小店へはいるのがいい時期がありしたものだが、子供らが次つぎ成長してゆき、教育費をひねり出すのに一つも二つも苦労するようになってから、そうした気持になると、おかしなもので酒の量の馬鹿らしさに気がついた。

若いときは、酒の上で徹夜の仕事もらくなものだったが、年をとったこん日では、少しの量でも酒の上では仕事ができなくなった。年には勝てんと思う。

わたしは、正月には、かならずといっていいほど子供の頃のこと、両親、兄弟のことを思い浮べる。ことに、苦労のしどおしだった大酒のみのおやじのことが、きみょうに頭にうかぶ。

本書は、一九六〇年発行『山の足音』と、一九七五年発行『山のえくぼ』（ともに創文社刊）を底本とし、著者の版画作品を新たに加えました。

一部、振り仮名を追加し、明らかな誤植は訂正しました。

なお、今日の人権意識に照らして考えた場合、不適切と考えられる語句や表現がありますが、原書の時代的背景と文学的価値に鑑み、そのまま掲載しました。

山の足音　山のえくぼ

二〇二一年四月十日　初版第一刷発行

著　者　畦地梅太郎
発行人　川崎深雪
発行所　株式会社　山と溪谷社
郵便番号　一〇一―〇〇五一
東京都千代田区神田神保町一丁目一〇五番地
https://www.yamakei.co.jp/

■乱丁・落丁のお問合せ先
山と溪谷社自動応答サービス　電話〇三―六八三七―五〇一八
受付時間／十時～十二時、十三時～十七時三十分（土日、祝日を除く）
■内容に関するお問合せ先
山と溪谷社　電話〇三―六七四四―一九〇〇（代表）
■書店・取次様からのお問合せ先
山と溪谷社受注センター　電話〇三―六七四四―一九一九
ファクス〇三―六七四四―一九二七

ヤマケイ文庫ロゴマークデザイン　岡本一宣デザイン事務所
カバーデザイン　尾崎行欧、宮岡瑞樹（尾崎行欧デザイン事務所）
ＤＴＰ　株式会社千秋社
印刷・製本　株式会社暁印刷
定価はカバーに表示してあります

Printed in Japan ISBN978-4-635-04902-3

山のさけ　1955年